“我们要提供不同于其他快递公司的快递服务和市场定位，要让消费者清楚地知道，顺丰提供的速运服务和其他快递有本质的不同。”虽然顺丰公司为此付出了当年营收增速减缓的代价，但王卫还是一意孤行。这是设计商业逻辑阶段。

就这样，这位20多岁的年轻人，开启了通往荣耀的大门。在众多快递企业混战一团时，顺丰牢牢地占据着中高端小型快件市场，并迅速积累财富。这些财富投入到提升顺丰服务的软硬件上，反过来赢得了更多的优质客户……

一个良性的商业循环周而复始，顺丰在行业内的美誉度越来越高，逐渐拉开了与其他快递公司的距离。这是强化商业逻辑阶段。

如果你认为顺丰会满足于在中高端客户里称雄，那你就错了。快递从无到有，客户只要“吃饱”就好；快递从有到多，客户就需要“吃好”了。这个道理和吃饭穿衣一样，解决了温饱问题，自然会追求吃好穿好。快递客户的要求高了，先前的低端客户也纷纷投奔业界美誉度高的顺丰，顺丰趁机推出各种有针对性的服务……雪球越滚越大，无人可挡。这是商业逻辑价值最大化阶段。

如今，大数据、移动互联网、社群经济，微博、微信、P2P、O2O……各种新概念、新思维、新事物粉墨登场，传统格局不断被颠覆，新的格局正在形成。每个人都在觊觎他人的饭碗，同时又小心看护着自己的饭碗。

心有猛虎，细嗅蔷薇。王卫早在这片喧嚣声中听到了危机的脚步声，他将目光投向互联网，加大了跨界发展的力度。王卫从来都不是盲动主义者和机会主义者，他的每一步都遵循自己的商业逻辑。

一个新的顺丰帝国正在形成之中，让我们一起期待与见证。

目录

第一章

唯快不破
用速度征服世界

这是一个企业不断更迭却又始终不乏创业梦想的时代。迅速崛起，野蛮生长。用创业改变人生，改变世界，这个概念或许过于恢宏，但谁也不能否认，当前无所不在的机遇足以支撑企业家们的任何雄心。

通往彼岸的独木桥日益拥堵，一大群人挤来挤去，不停地搏杀。一些人好不容易把别人挤到水里，却发现王卫已开着快艇扬长而去。

瞄准老大的空当下手，水货佬也有春天

竞技场上，巨人把上场挑战的勇士打成重伤，倒地不起。随后，又把那些试图拯救勇士的人打跑或是打倒。直到倒地的勇士失血过多而死，巨人才转向另一个目标。

这种血腥场景曾在古罗马的竞技场经常上演。然而在今天的商场上，类似的血腥屠杀并不鲜见。对于创业者来说，似乎每一个行业都挤满了巨人，一不小心，就会被揍得鼻青脸肿，血肉模糊。

王卫创业时才22岁，那时大家对“快递”这个行业还很陌生，于是都叫他“水货佬”。正是这个意气风发、吃苦耐劳的水货佬，十年磨剑，终成大器。

王卫出生于1971年，与同龄人相比，家境较为殷实。父亲是一名俄语翻译，母亲在一所高校当老师。7岁那年，全家迁到香港。

高中毕业之后，调皮的王卫没有继续读书，而是到顺德找了份工作。

20世纪90年代初期，邓小平南巡，内地迅速成为群雄角逐、

跑马圈地的新战场。这一时期，仅香港就有8万多家制造工厂转战内地，其中有5万多家进驻珠三角。

因为几万家工厂大迁移，往返于珠三角与香港之间的包裹急剧增加。和这种态势严重不符的是，由于政策和历史原因，两地之间的物流很不通畅。比如，企业需要发一个急件，走正常程序报关的话得一个多星期，紧急的快件只好以私人挟带的方式往返两地。

王卫家在香港，工作在顺德，经常受人所托来回捎带东西。当捎带的东西多到拉杆箱也装不下的时候，王卫敏感地意识到——商机来了！

作为内地经济最发达的地区，珠三角向来不缺乏感知商机的触角和神经。但这一次，22岁的王卫抢了头啖汤。

看到就要想到，想到就要做到！

1993年3月26日，对于王卫来说是一个值得纪念的日子。这一天，他拿着从父亲那里借来的10万元钱，在顺德成立了一家快递公司。10万元，6个人，几十平方米的店面……砵兰街这家不起眼的小店，就是顺丰速运最早的雏形。

梦想是伟大的，誓言是火热的，市场却是残酷的。如何躲过市场大佬们的屠杀，是每一个创业者都头疼地要面对的问题。

王卫投身“水货佬”的创业故事，给我们提供了答案：寻找老大的空当，趁老大们还没有反应过来时快速切入。

当时珠三角的快递格局是，国内的EMS巨人依旧保留着国企“高贵”的血统与“傲慢”作风，国外狼群虎视眈眈进不了门，一个快递空当亟需填补。

王卫虽然名为老板，实际上除了不拿工资、每天更忙、干活更多、更不要命之外，他和别的员工并没有什么不同。他们每天早出晚归，走街串巷，用背包和拉杆箱一趟趟往返运送信件。并且他们也有了自己专有的称呼——不是快递员，而是“水货佬”。

刚刚成立的日子，也是顺丰最艰难的日子。为了抢滩圈地，王卫和他的员工每天的任务就是“飞奔”。每天天还不亮，王卫就开始了一天的工作，取货、装货、送货，一忙碌就是一天。在那段时间，王卫几乎每天都是夜里十一二点才回家。

老板身先士卒，员工自然不敢懈怠。那段时间，有的员工翻烂了十几张地图，有的员工磨破了十几个背包和拉杆箱，有的员工高速飞车，速度快得甚至来不及转弯……甚至，对顺丰这批创业时期的老员工来说，遭遇车祸、四肢骨折都是经常发生的事。即便今天，我们也必须承认，这是一种不要命的“干法”。

横的怕愣的，愣的怕不要命的。商业竞争就是如此。当你连命都拼上的时候，别人怎么能竞争得过你？

机遇就像一把抛向空中的陶壶，谁下手快，谁抓住了陶壶的把手，谁就是赢家。错过稍纵即逝的时机，陶壶要么被别人抢走，要么摔碎在地上。庆幸的是，王卫迅速准确地抓住了写有“快递”的陶壶。

社会飞速变化，新的需求也在不断产生。一些不起眼的需求，往往蕴藏着巨大的商机。《在空白处创业》是美国大都市图书集团老板的著作，在这本书中，作者首先提出这样一个问题：每位未来的企业老板都要问自己——“采取什么措施才能让我的企业不至于倒闭呢？”在很多情况下，这个问题的最佳答案是——“寻找一个可以盈利的缝隙。”

每一波潮汐，都是大自然有节律的呼吸。在这潮起潮落之间，或许就孕育了一次生命躁动，完成一次历史跨越。机遇层出不穷，就看你能否看得到，抓得住。

割价圈地，在野蛮中疯狂生长

最初的顺丰，就像广袤大地上长出的一棵小草，含羞带怯，弱不禁风，却蕴藏着一股撕天裂地的万钧力量。当然，从弱小到强大，其中必须要经过一个漫长、艰辛乃至野蛮的成长过程。

最初，往返于香港和珠三角地区的快递企业或者私人“水货佬”并不多，也正是在这个时候，王卫顺势进入。纵观中外商业发展史，可以发现一个基本的事实，那就是向来不缺少跟风的。快递行业的发展同样如此。

巨大的市场空间与发展潜力，加上暴利的诱惑，吸引了一批又一批淘金者加入到快递行业。他们或者跟王卫一样，三五个人，七八条枪，成立一家小公司，或者干脆私人单干，当个“水货佬”。

这个时期，珠三角地区的快递业熙熙攘攘，人头涌动，混乱中显示出蓬勃生机。随之而来的，自然是激烈的市场竞争以及市场蛋糕的重新切分。

王卫和基层员工不要命的干法，使顺丰很快完成了原始积累，并且企业初具规模。这个时候，如何扩大“地盘”、扩大业务，让革命的火种发展成“燎原之势”，就成了王卫必须思考的问题。毕竟，队伍要壮大，员工要更好地活着，企业要更好地发展。

接下来该怎么办呢?

市场讲究“人无我有，人有我优，人有我廉”。对于顺丰和王卫来说，在别人还没发现商机的时候小碎步进入，这是成功的第一步；用生命做服务，拼速度，这是第二步；接下来的第三步，自然就要在价格上做文章。

当市场处于群雄混战的时候，低价是最具杀伤力的一种武器。现在的快递行业中，顺丰的价格堪称业内高价，但这种高价也成为优质快速、高满意度的象征。但在顺丰最初发展的时候，王卫走的却是一步截然相反的棋——割价竞争。

为了在竞争中吸引更多客户，拿到更多订单，王卫主动调低顺丰快递的价格。别人 70 块钱一件货，他就收 40 块；别人不给 80 块不接单，给他 50 块他也捎过去。

物美价廉，向来是消费者购买商品或服务的评判标准。在同等服务质量的前提下，绝大多数人都会选择价格更为低廉的。

割价竞争，这种方式虽然简单粗暴，但却非常有效。顺丰的触角迅速延伸到整个珠三角地区。曾经冷清的砵兰街，在顺丰的带动下人潮涌动。

当时，每在一个地区的业务量形成一定规模，顺丰就会建立一个服务点，之后征集加盟商，注册一家新公司。随着一个点、一个点的建立，顺丰的业务范围和规模不断扩大。如果将这些点连起来，就会发现，顺丰已经织成了一张密不透风、牢不可破的业务网络。在这张快递网络中，顺丰拿下了 70% 的通港快递业务，成了珠三角地区名副其实的快递“一哥”。

老子讲，“一生二，二生三，三生万物”。回头看顺丰的发展，颇有点这个意思。实际上，这是任何一家快递企业发展的必经之路，只不过在国内快递领域，顺丰一直走在行业的前面。一步领先，步步领先。

看过金庸小说的人，应该记得里面有一门功夫叫七伤拳。此拳为崆峒派绝学，出拳时声势煊赫，吞吐闪烁，变幻万端，一拳能幻化出七股不同的力量，或横出，或直送，或内缩。拳风则或刚猛，或阴柔，或刚中有柔，或柔中有刚。如果对手抵挡不住，便会身受内伤，可谓威力惊人。

这门功夫最有意思的是，如果习拳者内力不够，出拳时不但伤人，还会伤己，并且伤人愈重，伤己愈重。金毛狮王谢逊练得此拳，虽伤得空见大师等人，却也伤了自己的筋脉，以至于经常狂性大发，行事不受控制。张无忌因有绝顶内功护体，兼有仁厚爱人之心，即便练了此拳，也没有任何反作用。

割价竞争，恰似这套七伤拳。降低价格，顺丰正如内功深厚的张无忌，将这一切都做得游刃有余。在市场尚未规模化、标准化时，顺丰以低价大肆扩张。等客户达到一定数量，快递成本自然就会下降。也就是说，尽管价格大大低于同行，顺丰的利润却并不低。

舍得血本，高科技让顺丰一骑绝尘

快递行业在中国兴起和发展的时间并不长，即便快递业中的巨头顺丰，也不过刚成立 20 多年。在行业发展初期，快递业务没有什么技术含量，靠的就是江湖中最常用的手段——人海战术与低价策略。也就是说，只要人手多，价钱低，就有很大的胜算。

但是，随着形势的发展，人海战术渐渐跟不上时代的步伐了。同时，人力成本加大，也让快递企业不堪重负。如何既提升快递效率，又不抬高人力成本，成了摆在王卫面前的一道亟待解决的难题。

在王卫看来，顺丰要想提升效率，加快反应速度，就要习得“神行百变”的功夫。这一切必须以随时都在不断快速发展的科技为根基。王卫想到了管理升级。2003 年，为了配合顺丰的信息网络建设，王卫以 7000 元人民币一把的高价，从韩国进口了一批巴枪——即 HHT 手持数据终端。对于拥有十几万员工的顺丰，王卫可谓花了血本。

如果说剑客的武器是手中的利剑，那么顺丰员工手中的武器就是巴枪。有了巴枪以后，顺丰的每件快递都拥有一个专属条形码。扫一下条形码，就能将该订单的状态上传到网络，直接将当时还在使用电话、短信联系的其他民营快递企业甩出了几条大街。

以此为基础，顺丰推出了全程快递查询服务，客户可以随时了解快递物品在什么地方，也能知道什么时候快递到达目的地。快递派送环节的透明化，让顺丰获得了更多客户的信任。

巴枪属于顺丰信息化管理机制中的基础一环，也是顺丰快递的速度之所以能在业界遥遥领先的重要武器。

有了这些先发优势，王卫依旧没有停下奔跑的脚步。为了摆脱高价进口巴枪的制约，也为了完善巴枪的使用功能，他找到清华大学，合作研发自主品牌的手持终端。现在，经过研发的HHT4版本手持终端不仅更轻薄，功能也更加齐全。

顺丰现在使用的巴枪有点像老式手机，功能有点像掌上电脑。把红色按键打开之后，屏幕上会有17项菜单。巴枪最基本的功能就是帮助完成快件的现场跟踪。快件在每一个人、每一个仓库、每一辆车之间发生转移的时候，工作人员都需要用巴枪扫描快件上的条形码。这样一来，电脑里的查询系统就能够跟踪快件的去向。消费者下单以后，也能够在顺丰的网站

顺丰 HHT4 版本手持终端

上实时查询自己的快件到了哪里。此外，它还有运费结算、查询收派件范围和手机拍照功能。

之后，为了加强顺丰全国各地部门之间的联系，王卫又引进了数字网络传真机。原来顺丰各个部门之间通过传真机进行沟通，海量的传真经常导致传真机死机。引进了数字网络传真机后，有效解决了网络堵塞的问题，而且大大降低了传真费。通过一系列的设备升级，王卫利落地将内部乱麻一样的沟通问题解决了，顺带砍掉了大笔的沟通成本。

如果说巴枪是顺丰的利剑，那么自动分拣系统则是顺丰发展的“心法”。在2006年深圳举行的首届物流系统解决方案展览会上，深圳电信展示了一套全新的物流信息化自动分拣系统。该系统将客户服务、仓储、运输、配送系统进行了整合。尽管价格不低，但王卫没有丝毫犹豫，果断地引进了这套系统。

自动分拣系统的应用，使顺丰实现了全天候24小时无差别自动分拣。这样不仅减少了人力资源的占用，节省了大量分拣时间，还减少了人工分拣的差错率。这又成为顺丰高效运营的一个重器。

顺丰的送货车，每一辆都配备有GPS全球定位系统。以此为基础，顺丰成功打造了“全球眼”系统。通过这个系统，顺丰可以对货物的位置有更精确的把握，不仅方便顾客查询货物位置，也有利于对货物运输中出现问题时进行责任认定和追究。

此外，为了配合企业的信息化进程，顺丰还建立了计算机数据库。这个数据库系统分为业务核心系统、财务核心系统和客户核心系统。这三个系统将顺丰的交易过程分解，重新规划，无论哪一方面需要应用信息，都能快速有效地获取。

通过对上述科技要素的综合运用，顺丰成功打造出属于自己的独特运营方式——全生命周期管理系统。工作效率提升了，反应速度加快了，客户满意度上升了，市场份额增加了。这种服务满足了时代进步过程中社会

配备 GPS 全球定位系统的顺丰送货车

对快递行业的要求，巩固了顺丰在行业内相对于其他快递企业的优势，使得顺丰跻身于“快鱼”行列，不会被市场淘汰，也不会被同行“吃掉”。

在高科技武装下的顺丰，驶上了快递业务发展的快车道，一路前行，一路超越。

顺丰速度：没有最快，只有更快

在Web3.0的大背景下，哪里有机会，资本就会在哪里迅速汇集，力量就会在哪里重新积聚。同时，产业间跨界发展风生水起，企业和产品迭代速度越来越快。在这种情况下，如果企业缺乏感知，不能迅速反应，虽然小企业不一定败给大企业，但慢企业肯定会败给快企业。即便是业界巨头，也有被对手赶上甚至超越的风险，诺基亚、柯达等曾经的行业巨头衰落已是明证。

身在快递业，“快”是永恒的追求。没有最快，只有更快。如果不能让自己跑起来，就有被同行超越的风险。众所周知，顺丰一直主打“快”字招牌，并以其他快递企业难以企及的速度，在国内大型快递企业大军中一骑绝尘。这种“快”不仅表现在其送货速度，也表现在其一次次地先于对手做出改变。

顺丰刚刚成立时，业务仅限于广东省顺德市。经过3年的发展，到了1996年，顺丰不仅走出了顺德，还走出了广东，将触角伸到了广东以外的城市。

到了2006年，顺丰的服务网络已经覆盖国内20多个省区及直辖市，

101个地级市，包括香港地区，成为中国速递行业的佼佼者。

此后，顺丰还走出国门，发展国际快递业务，搭建起了快递帝国的基本框架。

现在，顺丰依旧没有止步。为了适应当前不断变化的经济社会形势，顺丰跨界发展，开始向零售和电商行业渗透……

任何企业的成长壮大都不可能一帆风顺，成就越大，往往意味着困难越多，顺丰也不例外。无论是从加盟到直营，还是遭遇金融危机以及《邮政法》出台，抑或是今天不断变化的国际国内形势，对顺丰来说，都是一次又一次的挑战。

面对挑战，顺丰没有丝毫的犹豫与迟疑，而是迅速调整自己，积极迎战：持续投入巨额资金，完成了基础设施建设，将身体磨炼得结实茁壮；不停地提升企业的信息化、科技化水平，将刀刃磨得无比锋利；不断提升员工素质，把内功练得连阿里巴巴的马云都佩服得五体投地。最终，顺丰以最全的网络、最快的速度、最优的服务，成为消费者心目中“最值得信赖和尊重”的速运公司。

这就是外界熟知的“顺丰速度”。企业站着不动不是求稳，而是倒退。现在，很多企业讲究“边开枪，边瞄准”，说的就是一种快速思维。在移动互联网时代，反应迟钝必然会葬送企业。

小米科技创始人雷军有一句名言，“站在台风口，肥猪都能飞起来！”台风来时，你要抓住机会迅速飞起来；台风减弱时，你要抓住机会平稳着陆。风来了你不飞，必然落后；风停了你还要飞，必然会摔死。

对于那些已经确定了优势的企业，比如快递行业的顺丰，同样也来不得丝毫疏忽大意。你确立优势的时间有多快，你失去优势的时间就有多快。现代企业之间拼的是什么？是应对变化的速度。

雷军曾经说过，“我坚信天下武功唯快不破。有时候，快就是一种力量。你快了以后能掩盖很多问题，企业在快速发展的时候风险往往是最小的。

当你的速度一慢下来，所有的问题都暴露出来了。所以，怎么在确保安全的情况下提速，是所有互联网企业最关键的问题。”

毫无疑问，市场竞争已经从大鱼吃小鱼变成了快鱼吃慢鱼，而速度会直接转换为市场份额、利润率和经验。传统互联网时代，顾客还可以多花点时间见证企业和产品的魅力，但是发展到Web3.0时代，企业产品更新换代明显加快，如果你的产品两三个月还没有得到人们的认可，那它很可能会死掉。

第二章

心系一处
只有偏执狂才能成功

人无我有，比的是眼光与胆量。但再超前的眼光，也阻挡不了后来者的模仿与复制。这个时候，比的就是人有我精。所谓“精”，指的是比别人的好，有深度。那么，怎样才能比别人更专业，更有深度呢？

专注，用专注成就专业，用专业铸就深度。创业如挖井，东一铁锹西一铁锹，很难打出一口水源丰富的水井。把快递业务做深做透，是王卫专注之所在，也是他成功之所在。

伤其十指，不如断其一指

起步不久的顺丰，虽然找准了企业发展的大方向，用低价武器击败了大量竞争对手，但价格战终归只是权宜之计。从长远来说，企业要发展壮大，维系正常的利润不可或缺。否则，一旦价格战演变为持久战，谁也别想过好日子。

接下来的仗，顺丰该怎么打？

当年努尔哈赤入关时，明朝大军兵分十三路进行围剿。面对铺天盖地的明军，努尔哈赤没有把自己的队伍分成十三路全面应战，而是采取“任你几路来，我只一路去”的战略，集中八旗兵力各个击破，最终大败明军。

这给我们的企业经营带来了一个重要启示：伤其十指，不如断其一指。

大家知道，商史千年，最不缺的就是企业。但同一个时代，同一片天空下，却有太多企业崛起之后不断衰落，最终灰飞烟灭，起落过程惊心动魄，结果凄风苦雨。但总有一些成功的企业能够长期坚持下来，在商业发展史上成为一颗颗耀眼的明星。

为什么那些企业能够成功呢？一个最重要的原因，就是那些企业能够集中一切资源，百年来只做一件事。你看星巴克就是卖咖啡的，花旗集团就是做银行的，沃尔玛就是做零售的，同仁堂就是卖药的，全聚德就是做烤鸭的……无他，用心一也！

站稳脚跟后，王卫给顺丰定下了细分市场、重点突破的战略任务。他首先对国内市场做了一个划分：中国国内高端市场，是联邦快递集团(FEDEX)、联合包裹运送服务公司(UPS)、敦豪国际公司(DHL)和天地公司(TNT)四大跨国快递公司，以及国营巨头EMS的地盘，很难从他们口里抢食；低端的同城速递过于狭小纷乱，不值得为之争斗。于是，王卫将中高端客户群作为企业开发的重点。通过观察，中高端客户大多以小件快递或者商务文件为主，因此顺丰战略聚焦，以运送小件快递为主。

> 王卫心中一直都有一个自己憧憬的大侠，那就是国际快递四巨头之一的联邦快递，这同样是一个在细分领域获得成功的典型案例。
>
> 成立之初，联邦快递没有全面撒网，四处出击，而是有选择性地发展小型包裹业务，并运送重要文件、医用器官、药品等速度要求较高的货件。与此相适应的是，业务覆盖的运营范围只有距离较近的5个城市。
>
> 由于这一明确的市场细分和业务选择，联邦快递成立伊始就打出了自己的品牌，确立了自己的服务优势，并因此获得了良好的声誉，为以后崛起成为世界知名的国际快递巨头奠定了基础。

集中兵力，才能将局部优势放大。王卫要求顺丰在快递业务上有所选择，只承接比较好整理与运送的商务文件和小件物品，那些体积庞大、重量过重的大件物品，价格再高也一概不接。已经初具规模的顺丰再也不玩价格战了，因为它的价格已经比其他快递公司差不多翻了一番。

当然，高价的前提是产品和服务能与这个定价匹配。王卫曾这样说，“你要想让自己的零售价更高一些，就得先在服务上有所不同，否则消费者是不会买账的。”

以苹果手机为例。苹果手机很贵，甚至贵得有些“天怒人怨”，但有太多的“果粉”却非苹果手机不买。为什么？因为在他们眼里，苹果这个品牌的内在价值以及良好的用户体验，对得起它这个价格。

苹果贵得有道理，顺丰贵得有底气。前者有不可比拟的品牌优势和用户体验，后者有过硬的业务能力和高质量的服务。

没有被大件货物影响运送速度，集中主要资源做好小件物品的航空运送，使得顺丰基本上没有出现过爆仓的窘况，保证了货流的通畅。这种聚焦小型快递的策略，使顺丰在混乱的快递战国时代保持了优质水准。

随着以淘宝交易平台为代表的电子商务模式的兴起，快递行业的第二次高峰来临。网购人群越来越庞大，仅淘宝的发件量就达到每天几百万件。于是包括“四通一达”（指申通快递、中通快递、圆通快递、百世汇通和韵达快递）在内的不少快递企业，纷纷争夺电商市场，自然而然地打起了价格战。

电商快递市场无疑是一块大蛋糕，淘宝快递业务在“四通一达”全部业务中的占比一度达到 70% 左右。但顺丰并没有为之所动，王卫依然专注于深耕中高端市场，打造高质量的服务口碑。

在王卫的经营理念中，企业竞争的本质不是为了争抢客户，而是更好地服务客户。至于从竞争中脱颖而出，则是服务客户的副产品而已。

桃李不言，下自成蹊。眼看顺丰的金字招牌越来越夺目，无数电商店主再也无法保持淡定，他们纷纷在店铺显眼处写上“顺丰包邮”——以此来招徕顾客。顺丰就这样成功地打入了电商快递领域。

2013 年，王卫更是通过顺丰内部讲话，肯定了当初瞄准小型快递市场差异化战略的成功，并对他为何采用这种战略进行了说明。

顺丰能一直走到今天这样的地位，就是因为我们采取了差异化的竞争策略。我们提供的是不同于其他快递公司的快递服务和市场定位，并且能让消费者清楚地知道，顺丰提供的速运服务和其他快递公司有着本质的不同。

正确地对市场定位是一家公司能在残酷的市场竞争中取得最后成功的重要能力之一，因为在快递物流业内，正确定位市场而赢得口碑和客户满意度是最重要的。

早在创业之初，王卫就给顺丰注入了这种将市场细致划分，然后重点突破的战略思想。2000年前后，国内快递行业还像初春树枝上抽出来的新芽，稚嫩得很。大家半斤八两，谁也不比谁先进多少，规范多少。同时，由于国内快递业务的复杂性以及与国外市场的差异性，各个快递公司都没有什么可以遵循的模式，因此只能矮子里面拔将军，互相模仿，然后拼命抢件，意图以量取胜。而王卫在这方面的思考显然比其他同行更成熟，眼光也放得更长远。

同时做十件事不如做成一件事。直到今天，顺风依旧只做小型快递，产品定位一直没变。当然，也正是这种坚持，才使得顺丰能够在国内众多快递公司中一飞冲天，脱颖而出，业务从开始时的三五个人、七八条枪，做到现在20多万人，年营业收入超过200亿元。

有人讲，对于消费者来说，这是一个信息过剩的时代，也是一个注意力稀缺的时代。其实不止消费者，企业何尝不是如此。

互联网时代，我们每天都会得到各种各样的信息，发现各种各样的机会。但即便军事天才拿破仑，也不可能拿下所有国家，所有战役。我们能做的，就是专注于细分市场，在关键进攻路线上撕开一个口子，然后最大化地扩大战果。

在企业竞争中，专注和专一化战略不仅没有过时，反而更为必要。

心无旁骛，在快递行业深耕细作

这是一个令人眼花缭乱的商业时代，界限消失了，标准不见了。科技在变，信息在变，观念在变，商业竞争也在变。我们可以用各种词汇描述商业发展的现状：跨界、颠覆、悖论、不确定、乱流……但这些词语都不准确，唯有“前所未有”最为恰当。

顺丰成立于1993年，和巨人、三株、太阳神等曾经风光无限最后黯然陨落的企业是同一时期成立的，可是为什么顺丰能够活下来，并且越活越滋润？

西方管理学大师安迪·格鲁夫给出了他的答案：唯有偏执狂才能生存。偏执，一个很重要的表现就是专心致志，甚至是心无旁骛地做一件事情。在王卫看来，企业经营不是不可以多元化，但这种多元化必须建立在自己实力足够强大的基础上。虽然如今顺丰已经跨界做零售，做电商，但在此之前的整整20年，顺丰始终在心无旁骛地做快递业务。

在复杂多变、五光十色的商业江湖中，如何专注于一个领域，集中有限资源，完成重点突破，是所有企业管理者必须面对的重大课题。对这个命题的理解和执行，体现了企业经营者的格局和水平，也决定了企业的生存和发展。毫无疑问，顺丰领导者王卫是一个有格局和水平的引航者。

其实，专注和多元化都是战略层面的东西，属于资源整合的一种，谈不上优劣对错。但对于很多创业中的企业来说，多元化未必是一条正确的道路。世界著名管理大师赫尔曼·西蒙对中国的很多企业进行分析后发现，国内很多企业因为规模等因素的制约，很难兼顾两个或两个以上领域的研发和投入，而应该走“专注”之路。

西蒙推崇小微企业做“隐形冠军”，只要做到了小而专、小而新、小而特、小而精，就能小中见大，以小搏大。指甲钳大王梁伯强，把平均单价只有两元多的耐用消费品指甲钳的年销售额做到了几亿元，把小商品做成大产业、大市场，也挣了大钱。

对比巨人、三株、太阳神等企业的发展轨迹，更能说明顺丰选择的合理之处。稍有商业知识的人都知道，这几家企业失败的原因虽不尽相同，但有一个共同点，就是贪大求全。生存的基础尚未夯实，就四处伸手，最终演绎出令人扼腕的“大败局”。

一个人的精力有限，一家公司的资金有限，技术能力也有限，把有限的精力和资金聚集在一点，更容易获得成功。我们知道，温州人专门做钮扣、标签、标牌、商标、饰品、玩具之类的小玩意儿。正是这些外地人看不上、懒得做的小生意，成为温州经济腾飞的翅膀。

对于创业者来说，商业模式即赚钱方式必须“专一”，也就是简单、单一。比如，希望集团集中精力做猪饲料，百度集中精力做搜索引擎，新东方集中精力做外语培训，顺丰集中精力做快递，等等。专注，让他们积累起更大的成功。

聚焦蓝海，瞄准中高端客户

现在很多人都大谈蓝海战略，那么到底什么是蓝海战略呢?

蓝海战略要求经营者将视线从竞争对手转移到买方需求上来，跨越现有竞争边界，将不同市场的买方价值元素筛选并重新排序，从给定结构下的定位选择向改变市场结构本身转变。

顺丰锁定高价值的“小众市场”，其实就是实行蓝海战略。

20世纪90年代中后期的快递市场上，以宅急送为代表的民营快递公司，绝大多数选择的都是“上下通吃”战略，也就是什么货品都运送。表面上看，通吃战略没有什么不好，客户面广，生意做得大。20世纪90年代后期，市场容量几乎一年翻一番，这种上下通吃的战略有利于自身迅速壮大。

对于王卫来讲，虽然确定做快递，但仅有这个判断还不够，还必须做好市场的划分和消费者选择工作。毕竟激烈的竞争，已经使拿着火枪打散弹，赶上谁算谁的时代一去不复返了。成功的概率取决于你是否已对消费人群进行细分，是否有明确的目标消费人群，因为与同行开展竞争的本质和核心就是“差异化”。相反，如果只是盲目地跟风随大流，一味地“大包大揽”，过度追求大而全，必然会导致目标人群定位不明确，造成品牌定位模糊，最终使品牌的“空心化”，这才是企业发展的“致命伤”。

当时，国际快递四大巨头和EMS已经在高端市场雄踞多年，低端市场因为门槛低，尚未被完全分割，于是成为国内快递企业争相抢夺的战场。这个狭小的领域争斗纷乱，战况惨烈。

那么，如何界定自己的目标消费群体呢？王卫比同行多做了一件事：将手里的客户群体进行排名。排在最前面的4%客户统称为大客户，具体包含项目客户和VIP客户；紧接在大客户后面的15%客户统称为中端客户；紧接中端客户之后的80%客户统称为普通客户；剩余的1%是流动客户，指偶尔使用顺丰，没有形成定向服务的群体。

针对这些不同层次、不同需求的客户群体，顺丰采取了不同的服务策略。其中，最基本的服务通用于广大客户的需求，包括货运下单，快件跟踪，快件理赔、投诉，建议和需求，网络以及短信通知服务；增值服务是对通用服务的基本补充，用以满足不同客户的不同需求，包括物流日常管理、物料直接配送、电子账单、客户自助服务、电子专刊、业务主动推荐以及积分主动兑换等服务；专享服务是为少数大客户、项目客户和VIP客户制定的，包括分支机构集中付款、国内第三方支付、指定时间收派、赠送打印设备、绿色服务通道以及服务流程简化等。

不像其他公司漫天撒网，顺丰将服务的重心放在19%的中高端客户上，并围绕这些客户重新配置资源和能力。在竞争对手看来，顺丰的这个战略“很傻很天真”。在一个快速增长的市场中，顺丰牺牲了太多唾手可得的市场份额和利润，换来的仅仅是有限的速度和服务标准的提升——这些是整个快递市场里80%以上客户当时并不太在意的东西。

不过，只要稍微将时间轴拉长，顺丰的蓝海战略就显现出威力了。2010年底，顺丰就以130亿元的营业额分得国内快递市场份额的18%，成为仅次于国有快递企业EMS的民营快递龙头企业。2012年，顺丰年营业收入为210亿元，市场占有率上升到20%。伴随着快递行业的迅速扩张，市场对快递服务的质量要求也越来越高，顺丰几乎成为笑到最后的企业。

> 中国的国情比较特殊，拥有13亿人口的巨大红利，但这绝不意味着13亿人口全都可以成为一家企业或品牌的目标消费人群。任何一家企业，无论你生产的是产品还是服务，无论你提供的是价高的还是价廉的，都不可能满足所有消费者的需求。
>
> 看一看那些流行的产品，我们就会发现，他们一开始其实都是小众产品，服务的都是小众消费者。后来才慢慢扩大，变成大众消费。

这种发展模式其实叫做滚雪球模式，第一批愿意尝试和接受产品或服务的用户叫做核心种子用户。正是他们带动了消费潮流，扩大了企业用户规模。

雷军曾讲，刚做小米的时候，他的忠实客户也就几十万人。但就是这几十万人，帮他卖出了一千多万部手机。因此对于企业来讲，做产品或服务不必贪大求全，不必一上来就要搞定所有的消费者，而是要找到自己的那一部分核心种子用户，然后服务好他们，形成一个扩散用户的基础。

确定了核心种子用户之后，企业还必须做好另外一件事，那就是根据选择的客户群特点，提供定制化服务。企业对核心种子用户界定得越清晰，就越能够设计出满足其个性化需求的产品和服务，越能突出品牌个性，继而打响品牌知名度。

创业要敢于对机会说“No”

商场浮华满地，同时也是岔路重重，诱惑多多。向左走，还是向右走？

小米科技创始人雷军曾经多次援引乔布斯的话，“经营公司其实是非常需要专注的。专注就是说‘不’，就算是面对已经极好的东西也要说‘不’！”

企业做大做强的关键就是要有一个点，自己能够把这个点做深做透，做到人无我有，做出特色，做出品牌。当然，这种专注不是那种不撞南墙不回头的呆板，而是能在前进道路中发现并抓住对自己长久发展有益的机会和路径，集中优势资源，敏锐地感觉市场脉动，把握成功的契机。这理应成为企业发展的最高战略。很多时候，企业不是败于没有机会，而是败于机会太多——在朝三暮四中迷失自己，直至铸成大错。

就像马云所讲，“看见 10 只兔子，你到底抓哪一只？有些人一会儿抓这只兔子，一会儿抓那只兔子，最后可能一只也抓不住。CEO 的主要任务不是寻找机会，而是对机会说 NO！机会太多，只能抓一个。”

2007 年，国际快递企业开始大力整合资源，快步进入大物流时代。UPS(美国联合包裹公司)等国际快递巨头，都加快了在中国的快递网络建设。

狼来了！所有主营快递或者物流的企业，大多朝大物流方向挺进，试图以做大自己对抗“国际狼”的强。但仍有极少数企业拒绝迈入大物流时代，顺丰就是“极少数企业”之一。在王卫的带领下，顺丰不仅拒绝了国际快递巨头的并购，也始终未加入大物流这一大众经营趋向。

那些没有能力做大的企业大多选择了并购，当时商界掀起了一股“卖猪热”。将企业的“猪仔”养肥，然后以一个好价钱卖给别人（主要是外资）。2005 年，李志达卖掉了小护士；2006 年，苏增福父子卖掉了苏泊尔；2011 年 6 月，国内著名小家电企业奔腾电器卖给了飞利浦；2011 年 7 月，国内著名餐饮企业小肥羊卖给了百胜集团……

不少与顺丰创立时间不相上下的企业，当时都卖出了一个好价钱，用博鳌亚洲论坛秘书长龙永图的话说，“猪卖得出去，对一个企业家来讲是件很光荣的事情”。早在 2004 年，联邦快递就找到王卫，试图以 40 亿至 50 亿元人民币的价格收购顺丰。

那一年，顺丰的销售额是多少呢？ 13 亿元人民币。用年销售额的 4 倍收购顺丰，怎么看这都算是天价！

创业者的一个重要任务，是对各种机会说“No”。这些机会一个个看起来都很丰满，让一般人难以抗拒诱惑。顺丰一路走来，从来不缺乏各种各样的机会。王卫不仅拒绝了联邦快递的收购，甚至连外界的投资他也一律拒绝。

一位咨询公司的董事长透露说，包括花旗银行在内的很多美国投资商都曾经找到他，希望他能够撮合注资顺丰，一旦成交，将付给他 1000 万美元的佣金。

显然，这位咨询公司的董事长与 1000 万美元的佣金无缘。王卫始终认为，任何外来注资都会影响到顺丰的高层决策，进而影响到他做决策时的独立性，这样一来，顺丰就会变得面目全非。基于此，他甚至对上市都说“NO”。

王卫是个能够经得住诱惑、耐得住寂寞的人，他选择了“一条道走到黑”。顺丰甚至在摩托罗拉发展正盛的时候拒绝了他们的大单，类似的拒绝在顺丰曾经出现过无数次。

有人曾经问王卫，“做快递20年，如果用一个词来形容自己，你认为是什么？”几乎是不加思考地，两个字从王卫那里脱口而出，专注！

开车最怕不专注。一会儿接个电话，一会儿换张CD……一时的分心，有可能酿成终身遗憾。

与开车一样，飞速前进的企业也要张弛有度，这样才能持续前行。负载太大，速度过快，这样的企业是不可持续的。若技术跟不上发展的速度，人才培养跟不上企业需求，久而久之，会严重阻碍企业发展，甚至拖垮企业。

以快递业来说，过多的货件加大了员工的负担，并且会影响运件速度。派件员的超负荷工作，也会导致服务质量难以保证。如此一来，势必会影响公司在客户心目中的形象，继而客户选择用脚投票。

在王卫身上，我们看到了GE公司传奇CEO杰克·韦尔奇的影子。毫无疑问，杰克·韦尔奇是个伟大的商业奇才。有人评价说，杰克·韦尔奇在GE当总裁期间，最大的成就是收购了上百家有潜质的公司。可韦尔奇却说：“不，我对公司最大的贡献是拒绝了至少一千个看上去很值得投资的机会。”真是英雄所见略同。

商史千年，淹没无数企业。优胜劣汰的自然法则之下，留下的百年企业少之又少。这些百年企业之所以能够获得成功，其中一个重要的原因，就是他们能够穷尽一切资源，专注于做好一件事！

俗话说“无利不起早”。商业的本质就是逐利，所谓的文化、精神、社会责任、企业贡献等，无不附着在利益上。至于企业如何盈利，则大有门道。有些企业经营者偏好开疆拓土，铁蹄无处不在——哪里有利润，就奔向哪儿，什么钱好赚就做什么，什么来钱快就做什么。为了利益，他们可谓无所不用其极，但最终却没有留下任何一块根据地。

通常来讲，企业做到一定程度，知道不能做什么往往比知道能做什么更重要。

作为企业家，如果没有心系一处，只练一门功夫的“执拗”，如果没有抵制诱惑的格局和能力，那么浮华盛世也可能变成纸醉金迷的生死场。

直线有时未必是最短的。当你懂得了拒绝机会和诱惑，像王卫那样 20 年磨一剑，说不定你的成功也指日可待。

力量藏于安静的坚持

问世间谁为高手！可是怎样才算是高手呢？

漫画大家马荣成在《风云》中这样写道：武林神话无名，身怀九天剑气，但却弃名不用，改叫无名，隐居世外，专心钻研剑道。

金庸《天龙八部》中的无名老僧，长期隐居于少林寺藏经阁，平日洒扫寺院，整个少林寺几乎没有人知道他的存在。但在少室山的武林大会上，他却轻松收服萧远山、慕容博两大绝世高手，并且一眼识破他人练功的破绽。这如神一样的人物，也是不显于世，独居藏经阁默默修行。

十年磨一剑，武功自然浑然天成。放到中国商业社会中，王卫同样是这样一个无名高手。平日里不显山露水，却把全部的力量蕴藏于平静，执着于坚守。外界或许无知无觉，但等到发现时，却只能以一种仰望的角度去注视。

1. 坚持梦想，不忘初心

拿破仑离世前曾感慨："我曾经统领百万雄师，现在却空无一人；我曾经横扫三大洲，如今却无立足之地。耶稣远胜于我，他没有一兵一卒，未占领过尺寸之地，他的国却建立在万人心中。世间有两种武器：精神和利剑。从长远来看，精神必将打败利剑。”

是的，无论对于何人，精神的力量都要远远胜于肉体具备的能力。恰如高手对决，笑到最后的，往往都是那些内心充满正义感、意念强大的人。在所有精神力量中，最能激发人类潜能的，当属梦想。

梦想，看不见摸不着，却是最能创造价值的东西。对于企业和老板来说，有梦想才能有吸引力。大梦想吸引有大目标的人，小梦想吸引有小目标的人。没有梦想，一生只能为有梦想的人服务，正如没计划的人总被有计划的人列入计划之中一样。

接下来，让我们看看那些耳熟能详的企业梦想吧。

乔布斯的梦想很大气——“活着就为改变世界”。

迪斯尼的梦想很温馨——“为人们制造快乐”。

优衣库的梦想很亲民——“用最低价提供最高品质的衣服”。

百胜的梦想很宏伟——“为全世界提供优质餐饮的全球性标杆企业”。

阿里巴巴的梦想很震撼——“让天下没有难做的生意”。

……

事实上，一心以产品、金钱作为衡量标准的企业失败了，而那些贩卖梦想的人最终都成功了。那么顺丰或者说王卫的梦想是什么呢？

在王卫看来，赚钱只是因缘际会的事情，做企业的目的绝对不是为了赚钱，而是必须有超越金钱之外的目的。他曾经说过，“人有梦想，才会有追求。”王卫的这个梦想，就是若干年后，顺丰能够成为民营企业的一个成功案例。可以预见的是，这个成功案例必将是一个让国人骄傲的、负责任的民族企业。

当然，实现梦想的过程必然布满荆棘，而这也最能考验一家企业、一位企业家的精神高度和格局。在顺丰的发展过程中，困难、挫折、打击，甚至死亡威胁，这些都有；名利、金钱，这些诱惑也始终都存在。前者，顺丰是用命换来的这一事实已经说明了问题；后者，正如王卫在“用生命捍卫价值观”的演讲中所说，他敢于接受一切挑战，让所有人来监督和见证他是不是一个说一套做一套的人，他有没有追求名利。

这一切的底气就是，顺丰的梦想和价值观，已经凌驾于个人名利，甚至是生命之上！

2. 坚持拼搏，不惜冒险

王卫虽然个性低调，但他却是个不折不扣的自行车极限运动发烧友。甚至有了解王卫的人说，快递只是王卫的第二职业，自行车极限运动才是他的第一职业。哪怕是曾经因危险的自行车极限运动摔断了几根骨头，他的热情依旧不减，可见王卫性格中确有冒险和偏执的一面。这样的性格特质，正是王卫在面对困境和诱惑时坚持到底、毫不妥协的原因。

同时，企业家的性格最能给整个企业打上基底和烙印，因此我们可以看到整个顺丰都有一种冒险的精神，所以才会有顺丰是用生命拼出来的说法。

毫无疑问，创业是和平时期最绚烂、最靓丽的一种方式。在这个过程中，你会体味到各种酸甜苦辣，悲欢荣辱。无论成败，你都必须承认，创业已经最大限度地拓展了生命的深度和广度。在这一点上，没有任何一种其他活动能出其右。但同时，这一点也决定了创业必须经历煎熬与折磨。

万通集团董事长冯仑曾经说过，“伟大都是熬出来的”。事实也的确如此。大凡有所成者，无不是淌着汗水、踩着荆棘过来的，甚至不经历十年八年每周 7×12 小时的艰苦奋斗，谁都难有大成。

任何一个创业者都有忧思成疾、夜不能寐的时候，都有身心俱疲，想要放弃，但一闪念又马上振作的时候。我们有理由向那些像王卫一样始终坚持奋斗，坚持拼搏，甚至不惜拿生命去创业的人致敬，这样的人理应得到我们的尊重。

3. 坚持选择，无畏人言

著名投资人刘芹曾经说过一句话，“创业是多数人故意不选择而留给少数人的机会”。为什么大多数人故意不选择？因为创业太苦。马云也说，男人的胸怀都是委屈撑大的。

在创业这条路上，免不了要放低身价，不断赔笑脸，为一件小事跑断腿，不断地把自己放到最卑微的位置。同时，创业者又是孤独的。很多时候，他们的远见卓识未必能得到理解，更不要说获得支持。

在竞争异常惨烈的快递行业，公司接收订单数量被认为是衡量快递企业成功与否最重要的标准。从表面上看，好像只有接到更多的订单，企业才能更快地成长。但是王卫认为，虽然有的快递企业承接了大量订单，但那只是看到了眼前利益，最终会因为接单过多，难以按时完成派件，导致客户大量投诉。多接单尽管暂时得到了利润，却永远失去了一部分潜在市场。这一认识更坚定了王卫做小型快递，保证服务质量的决心。

在刚刚决定只做小型快递，“重质不重量”的企业发展战略时，顺丰在“四通一达”等民营快递公司疯狂争抢的局势下处于疲惫状态，短时间内业务量非但不见增长，反而有所缩减。这样的事态让许多顺丰的员工，尤其是工作在一线的派件员们不满，甚至心生抱怨。

后来，由于采取了按件计酬的薪酬制度，许多派件员因较少的接单数量而无法增加个人绩效，无法挣到更多的薪水，于是萌生了放弃不干的想法。

王卫虽然心里着急，想要解决员工的收入问题，但他不想放弃顺丰的长远发展。这又是一个艰难的抉择。

或许自己选定这条路注定孤独，虽然那时他饱受非议，甚至面对员工离职的威胁，但他依然力排众议，坚守自己定下的企业发展战略。

好在功夫不负有心人，凭借王卫长远的眼光，以及这种坚持不懈的态度，顺丰逐渐以优质高速的服务赢取了大量客户的信任和依赖。

很多朋友觉得创业初期最苦，要找人，要找钱，要找资源，要理顺各种关系……实际上这只是万里长征走出了第一步。如果你真的踏上了这条路，就会发现创业这条路最难的部分其实不在开头，甚至正好相反——开始容易，过程艰难，收场更难。在创业过程中，最常见的不是成功或者失败，而是长时间的苦苦挣扎和煎熬。其中最难、最重要的就是坚持。

在这里，我们有必要向那些虽然一直在煎熬却始终不曾放弃，直至最终取得辉煌成就的人致敬，向那些经历九死一生却依旧不忘初心的创业者们致敬！

艰难困苦，玉汝于成。成功是熬出来的，伟大是磨出来的。只要你能承受得了这些煎熬和打击，只要你有强大到打不垮的神经，你就能像王卫那样获得更丰富的生命体验。

对于创业者来说，苦难和折磨更像是大浪淘沙，它会帮你淘汰一批意志不坚定、内心不强大的人。只要你不被打垮，别人垮下的时候，就是你获胜的机会。

❙ 二十年磨一剑，布衣终成王侯

“王侯将相宁有种乎！”陈胜吴广一声呐喊，掀起了历史上第一次大规模的反秦农民起义浪潮。后来的历史发展印证了这句话：市井出身的刘邦最终推翻秦王朝的统治，建立了大汉四百年基业。

要想练成降龙十八掌，就要日夜苦修，坚持不怠。等到积累出高深的内功，你才能手到擒来，练成绝世武功。顺丰的成功绝非偶然，而是二十年磨一剑的结果。

最初，顺丰和那些只有一间老屋，几部电话，几辆送货的电动车，由亲朋好友合作，低成本、低价格、低质量服务的小作坊式快递店并无不同。即便同是“江湖中人”，同行们还是依旧不无鄙夷地称呼顺丰为“老鼠会”。

与其他企业相比，初出茅庐的顺丰的确可以用“老鼠会”来形容。没有成型的快递企业标志，没有统一的服装，就连“送镖”的必需品——交通工具也是五花八门，千奇百怪。开着卡车送的，骑自行车送的，还有要坐船的……当时的顺丰没有纪律，没有制度，员工东奔西走，确实如老鼠一般。甚至身为“镖局”老板的王卫，都要亲自“押镖”送货。

侠客出来跑江湖，就要闯出一片天地。顺丰恰如墙缝中的杂草一样顽强，为了生存，不放弃任何发展契机。

2007年9月，中国标准化研究院发布了《快递服务》标准。这说明国家已经开始重视快递行业了，王卫准确地嗅到不久的将来，中央政府就会出台相关法令，于是及时对顺丰内部进行大规模整顿，严格依照《快递服务》标准提供服务，以便达到国家规定的快递企业标准。

及时得到王卫第六感帮助的顺丰，也因为经过一番内部优化，做好了迎接即将出台法令的准备。

就在顺丰整治企业内部问题，应对外在挑战时，新的《邮政法》在2009年4月24日颁布，这使得顺丰等大型快递公司正式成为法律认可的企业。可以说，江湖又给这个低调的独行侠王卫一次机会。

随着快递政策日益明朗，抓住时代机会的王卫大展拳脚，大胆地进行投资。他利用国家在土地方面的优惠政策，在各大城市航空港附近买下大量地皮，建立顺丰的大型中转场地；斥资几个亿，购买大量运输车辆；大量收购因达不到国家标准而遭取缔的小快递公司。

王卫依靠《邮政法》获得的竞争优势，大胆进行投资和并购，使得顺丰一举成为民营快递企业的领头羊。此后，买飞机，做零售，做电商，甚至虎口夺食进军海外，王卫一步步让顺丰从民营企业中脱颖而出，在快递行业创造出一个又一个神话。

回首顺丰走过的历程，大家可以发现，其实确如王卫所说以及外界所了解的那样，顺丰是用生命拼博出来的。王卫虽然荣登福布斯2013年度中国富豪榜第22位，并且已经拥有237.9亿元的巨额身家，但他却是个彻头彻尾的“工作狂”。

与其他企业幕后主脑不一样，从顺丰创始初期开始，一直持续到现在，王卫依然把自己当作一名普通的快递员。有一次，他甚至早晨8点钟就跑到位于北京三元桥的顺丰中转站点收发快件。没有人走过来向他问好，因为根本没有人认识他，只有他一个人默默地做收发件工作。

对于顺丰来说，对于王卫来说，“像小强一样拼命”，似乎已经慢慢融入他们的血液，深深地烙在他们的骨子里。尽管顺丰如今已经成为民营快递企业的龙头老大，但企业创始以来的元老们，仍然会带着一身伤病，一如既往地拼命工作，坚持在一线收发快件。就算几十公斤重的货物，他们也一样搬到顶楼，任劳任怨地辛苦工作着。新补充进来的“血液”，也秉承着初创时期顺丰人的顽强与坚韧，任劳任怨地拼命工作。

> 关于顺丰初创时的小故事有很多，其中最让人震撼的代表事件是一次事故。事故中，运货的车辆在运送快件途中意外发生车祸，两名负责派送快件的员工多处骨折，身受重伤。
>
> 当救护车赶到现场，要运送他们去医治时，两名员工却无论如何也不走。直到顺丰的紧急处理人员过来接应，亲眼看到货件被妥善处理，并准备出发继续派送时，他们才安心地随着救护人员去往医院。

英雄莫问出处，二十年磨一剑，苦心磨砺，即便是布衣草莽，也终将成为王侯！

顺丰的成功，让王卫成了炙手可热的人物之一。他的成功代表了从零起步一样可以成功，代表了平民创业一样可以成功，打破了传统平民始终为平民的观念。

同时，王卫的成功，顺丰的成功，不仅仅是个人的成功，不仅仅是一家企业的成功，它更惊艳了整个时代，带动了整个商业江湖大踏步前进。

第三章

打通任督二脉
突破创业瓶颈

创业者永远在路上奔跑。如狼在追，似羊沉默。

在这场似乎永无止境的跋涉中，王卫从来就没有放松过。20多年来，他每天工作14个小时以上，还要定期到一线收发快递。有高管说，要是三个月没有创新和突破，王卫就会很难受。

正是通过一次次突破，王卫打通了顺丰的“任督”二脉，将顺丰变成了擂台上的巨人。

死磕加盟商，收回经营管理权

1995 年前后，大量快递企业如雨后春笋般破土而出，在全国蔓延开来。在华南做得风生水起的王卫，看到了一片更为广阔的市场。他决定走出华南，向全国进军。作为扩张的第一步，他剑指以上海为中心的长三角地区以及以北京为中心的环渤海地区。

成吉思汗曾经跃马扬鞭，誓言“要让青草覆盖的地方都成为我的牧马之地”，其胸襟气魄，让人闻之顿生大丈夫气概。雄踞华南市场的王卫，自然也颇具王者之气。

理想是丰满的，现实是骨感的。在大肆扩张过程中，顺丰也暴露出一个企业短板：资金根本不足以支撑足够多的营业点。这是当时民营快递企业在扩张过程中都会遇到的瓶颈。和“四通一达”一样，顺丰选择了加盟模式。

此后的顺丰，业务发展似乎进入了快车道，很快就成了快递领域民营企业的龙头。顺丰进入了快速稳定的发展期。奔波忙碌了几年的王卫，也逐渐淡出了公司的日常管理。功成身退，一切顺理成章。但顺丰表面健康的机体内已经暗藏病灶。

和分封制一样，随着时间的推移，加盟模式逐渐暴露出了各种弊端和问题。我们知道，在顺丰整个管理体系，各个加盟点都是独立运营的。天高皇帝远，这些加盟点逐渐成了独立的小王国。宛如周天子式微，礼崩乐坏，各地加盟的“诸侯”为了自身的利益，丝毫不顾及“顺丰”这块招牌是否洁净响亮。

首先，为了提高效率，各个加盟点不断出现暴力分拣问题。不少货件在分拣中受到损坏，“顺丰”的招牌自然难逃被“损坏”的厄运。

其次，为了攫取私利，有的加盟商不惜在顺丰的运输车中夹带私货。顺丰服务的都是看重速度和质量的中高端客户，夹带私货不仅吞噬了顺丰的利润，也影响了顺丰的送货速度和服务质量。更有甚者，一些加盟商甚至利用手中资源挖走顺丰客户，另立山头。

在多次调整、完善规章制度无果后，王卫意识到，层出不穷的负面消息不是源自规章制度不健全，而是源自顺丰的加盟模式。再对比国际快递巨头，无一例外地都采用直营模式，对各项业务和人员进行有效管控。指挥失灵，沟通不畅，顺丰就像一个经脉不通的巨人，步履蹒跚。怎么办?

“爆仓”“暴力分拣”“信息泄露”等问题不断出现，而且愈演愈烈，严重影响企业的品牌形象和服务质量。摆在王卫面前的道路只有一条，打通管理受阻的经脉，变加盟为直营。

道理很简单，直营有利于整个企业的标准化管理，易于总部直接调配各种资源，整体提升服务质量和速度。但是，自古以来人们就有“宁做鸡头，不做凤尾”的思想。加盟商们做惯了小王国国王，要想让他们“纡尊降贵”，接受顺丰的管理调配、监督考核、约束制约，不仅心理上接受不了，还大大伤害了他们的利益。因此，当王卫在 2002 年宣布顺丰变加盟为直营时，遭到了不少加盟商的抱团抵抗。

面对加盟商们的强硬反对，顺丰的高管们犹豫了。他们认为，与加盟商翻脸的代价太大，很可能是两败俱伤。这时，向来讲民主的王卫拿起了“独裁”大棒，他拍着桌子，宣布必须强制推行直营政策。

虽说是强制直营，但王卫同时也采取了怀柔手段。一方面，他要求加盟商将股份卖给他，接受直营，否则就不要再打顺丰的牌子，此为刚。另一方面，他高价收购加盟商的股份，并给愿意留下来当经理的人以优厚的薪酬，此为柔。也就是说，加盟商必须接受直营，但可以获得优厚的待遇。这种刚柔并济的方法，逐渐从广东推向了全国。

到了强制直营末期，面对几个顽固不化的“钉子户”，王卫对他们下了最后通牒，要求“钉子户”必须把公司股份卖给他，否则就从顺丰“滚出去”。其时，江湖传闻有加盟商雇用境外杀手欲谋害王卫。不过此事并未得到王卫的证实，只是当时他身边多了几个随行的彪形大汉。

到 2008 年，用了 6 年多时间，王卫终于全面接管所有的加盟店，顺丰成为全国唯一一家完全直营的快递企业。

完全直营后的顺丰，周身经脉顿时通畅起来。“通则不痛，痛则不通。”王卫死磕加盟商，将那些顺丰机体中的“痛”点一个个打通。道路虽然曲折艰辛，但效果是令人满意的。在统一的制度与标准下，服务质量提升了，业绩也上涨了。

破解快速扩张的资金难题

做企业最关键的问题是什么？毫无疑问是资金。巧妇难为无米之炊，没有资金，不管是创业还是扩大企业规模，都是天方夜谭。正如任督二脉是修炼武学的瓶颈一般，只有打通任督二脉，才能融会贯通，使武学修为突飞猛进。一家企业也只有突破资金难题，才有机会纵横市场，高速发展。

顺丰就是这样的一家企业，它以一个“快”字在众多竞争对手中脱颖而出，实现快速扩张，当然也不可避免地遇到资金难题。对于很多企业来说，融资是通过较少成本获得足够发展资金的途径，但这是一件可遇不可求的事情，不过对于顺丰来说这是个例外。

让外人一直津津乐道的是，在2013年8月底之前，顺丰一直拒绝外来资本“染指”，称自己“不差钱”。其实，王卫“拒绝融资”，也曾一度将顺丰推入艰难的境地。

在一次内部讲话中，王卫曾明确表示自己坚持拒绝融资的决心。他说：“要么杀出一条血路，要么只能等死！”当时，王卫的态度很坚决，他的实际行动也确实在很长一段时间内捍卫了他的态度。

2009年，正值快递市场陷入萧条之际，资金问题成为各大民营快递企业的头号难题。当时许多外资、国有快递企业藉此良机攻城略地，收购注资，忙得不亦乐乎。

平心而论，当时整个国内民营快递市场中最具有收购价值的企业非顺丰莫属，不论是联邦快递还是海航集团，亦或是UPS，无一不想将顺丰这家极具发展潜力的公司收入麾下。但因为王卫态度强硬，他们才将眼光放到了其他公司身上。

顺丰虽然拒绝了外部融资，却从没有停止过快速扩张的步伐。在国内经济低迷的时候，顺丰却与航空公司签订合同，拿下国内230多条航线的专用腹仓。而后又出资购买两架飞机，打造自己的空中物流系统。与此同时，顺丰还投入大量资金，大力提升科技装备水平。这样的大手笔投入让不少人惊讶，“拒绝融资，却没有放弃高速扩张，顺丰是如何破解资金难题的呢？”

顺丰快速扩张的资金，来源主要是银行贷款和内部资金。在艰难的局面中，王卫颇有韩信背水一战的气魄。为了这次对决取得胜利，王卫提出了特殊的资金战略。

通过内部资金扩张，顺丰能想到的无外乎两种方式，一个是提高定价，另一个就是降低成本。当时的快递市场正在大打价格战，而顺丰的定价相对偏高且较稳定，此时提价已经不太现实。顺丰能做的，似乎也只有通过降低成本来度过资金困难阶段。不过，王卫采用的是与国际接轨的成本控制方法，这让顺丰更像是“增加”而非控制成本。

王卫认为，只要解决了客户最担心的快件安全和时间问题，提供最好的服务，得到客户的肯定，快递公司才能有好名声，从而吸引更多客户。王卫为此推出了一系列“扩张手段”，对设备、技术和管理系统进行更新换代。

1. 引入自动分拣系统

对于快递企业来说，自动分拣系统是十分奢侈的投入，因为这往往需要付出十年甚至二十年来填补自动分拣系统带来的成本消耗。就算是现在，也只有国际大型快递公司愿意采用自动分拣系统，在中国仅顺丰一家。

让人意想不到的是，这一举措带来的效果十分显著。顺丰对于快件的分拣速度和准确性，远远超过国内其他快递公司，并且节约了人工分拣带来的人力资源浪费，极大地提高了顺丰的扩张“速度”。

2. 给快递员以高额薪酬

众所周知，快递行业的基础派件员十分辛苦，很多企业在留住员工和招聘新人上都存在困难。

顺丰采取的办法很简单，那就是给出高于同行数倍的薪资。虽然这一举措看起来是增加了成本，但顺丰保证了员工队伍的稳定，因此节约了不少人才招聘和培训带来的消耗。

3. 打造属于自己的网上订单系统和及时响应客服系统

顺丰投资建设了网上订单系统和及时响应客服系统。这两个系统的完善，使客户能够事先了解收费标准，实现快递员快速上门取件，既避免了关于价格的争论，又避免快递员白跑一趟；既方便了客户群体，又节约了双方的时间成本，提高了工作效率。

当然，王卫的成本控制手段还不止于此，他还采取措施激励员工自己购买交通工具，以控制企业设备采购成本，从一定程度上减轻顺丰发展过程中的资金难题。这些举措在很大程度上推动了顺丰的发展，也让顺丰从困境中走出来，一步步成为中国快递业的翘楚。

很多业内人士指出，尽管顺丰在成本控制方面做得非常出色，但随着中国快递市场竞争日益激烈，顺丰在快速扩张的同时，资金问题似乎仍然有点力不从心，面临的威胁不容小觑。

EMS早就走上了上市融资的道路，从金融市场中拿到了99.7亿元的资金；中邮速递在上市的道路上不断跟进；圆通在航运和信息系统方面加大投入，并积极为上市做准备；申通和韵达也大力推行标准化运营模式；申通更是不惜重金，买下天天快递60%的股份，强势争夺市场份额。

同时，联邦国际快递和UPS也获得了中国的快递牌照，开始在国内市场开疆拓土。顺丰虽然前些年实现了快速扩张，但不可否认，这些国际快递巨头拥有顺丰难以比拟的竞争优势。

面对激烈的市场竞争，顺丰扩张的脚步不可能不受影响。据统计，2011年，顺丰还保持着50%的增长速度，而到了2012年，顺丰的增速开始放缓到30%。从2012年9月起，网上就流传出顺丰开始与资本接触的消息，此时顺丰即使宣告融资，也在情理之中。业内人士称，这与顺丰在扩张上的资金难题不无关系，如果顺丰不采取措施，恐怕只能坐以待毙。

显然，王卫对此也进行了深入思考，并开始在融资这个领域进行试探。一年之后，也就是2013年8月，这个消息变为现实。顺丰公开确认融入资金，元禾控股、招商局及中信资本等机构，以总体投资不超过25%的股份成为顺丰的新股东。对于具体的融资金额，顺丰当时并没有透露。

顺丰首次融资的消息，在业内无疑像一枚重磅炸弹。这三家新股东的投资金额和占比，更是引发了业内人士的猜想。外界猜测其融资金额是80亿元，而据一位知情人士说，顺丰首轮融资的实际金额近百亿元。也就是说，与2012年中邮速递IPO招股书计划募集的资金99.7亿元相去不远。有理由推断，顺丰此次融资或将发力叫板中邮速递。

对于融资后的具体发展方向，顺丰副总裁王立顺表示，“元禾控股、招商局及中信资本三家机构，与顺丰就未来发展战略已经达成一致，新融入资金主要用来巩固并拓展顺丰现有的核心业务，但电商业务不是未来的重点。同时，顺丰也会在产品针对性上进行一些调整，使其更适合客户的需求”。他还说，“顺丰将从标准快递向供应链解决方案延伸，向上游、中游过渡”。

顺丰融资的消息传出后，很多人怀疑顺丰的最终目标是上市“圈钱”。王立顺则指出，顺丰短期内不会上市，顺丰融资的原因正是应对加剧的竞争。顺丰之所以选择这三家公司，也是基于其认可顺丰的发展速度和发展模式，不会“绑架”顺丰走上市融资之路。

关于顺丰融资一事，可谓是扑朔迷离，众说纷纭。但不可否认的是，融资将为顺丰带来更多的发展机会。融入资金之后，无论继续拓展顺丰现有的核心业务，还是进军电商业务，其在资金问题上都不再存在难题。所以，对于顺丰来说，融资可能仅仅是个开始。

用飞代替跑，拥有飞机才能更快

每一家快递公司都想快点更快点儿，但再怎么快也快不过顺丰。

顺丰规定，从客户预约到收件员上门取件，中间不能超过 1 个小时；从快件到达营业网点到快递员送件上门，中间不能超过 2 个小时。取件和派件的时间可以由顺丰自己掌握，但对于航空快件的空运时间，顺丰一度无法有效掌控。

顺丰的航空快件，随时都可能因为航班取消、腹仓爆满等原因而受到影响。速度是快递企业的生命。一份重要的文件，如果晚一天到，就可能导致客户数百万元的投资化为乌有；一份要求高保鲜的食品，延误一天就可能从价值不菲变成一文不值；一些时间要求紧的资料，不及时送到，就可能变为一堆废纸。空运上被动的顺丰，如何突破航空快运的瓶颈？

2003 年，突如其来的 SARS（非典型性肺炎）疫情，对很多行业都产生了极其深远的影响，首当其冲的就是航空业。许多航空公司都进入了前所未有的困难时期，航班数量一减再减，运量大幅下跌。

受市场局势的影响，机票价格也“雪崩”似地急剧下跌。民航总局甚至将2003年6月国内航线票价中的“燃油附加费”从“不得超过当前票价的14%”，下调为“不得超过当前票价的11%”。

在全国航空业不景气的情况下，顺丰抓住航空运价大跌的机会，迅速和扬子江快运建立了合作关系，从扬子江快运租赁了承重约在15吨左右的5架737货机，专门用于运输上海、杭州和广州3个城市的快件业务。

到2006年，顺丰的业务范围已经覆盖全国20多个省市区、100多个大中城市以及300多个县级市和城镇，并建立了两个分拨中心，52个中转场。一向沉默低调的王卫公开宣称，“顺丰一定要拥有自己的飞机。”

对于这一高调宣示，一时间业界哗然。

其时，顺丰已经与多家航空公司建立了长期合作关系，通过租赁货机与民航腹仓取得了可观的效益，为什么还要拥有自己的飞机呢？

在王卫看来，与航空公司合作有助于双方资源的优化配置，但也在一定程度上制约了顺丰快递业务的进一步发展。在顺丰的快递业务中，有不少是在下午4点之后下单。快递员上门取件后，勉强能赶上当晚的航班，赶在次日上午将快件送达。若是错过当晚的航班，就只能搭乘次日早上的航班，快件送达客户手中已经是下午了。

虽说都是在同一天送达，送达时间只有上下午之分，但问题的关键在于，国内绝大多数陆运快递也能实现次日下午到达。顺丰的空运快递若也是在次日下午到达，谁还会选择价格偏高的顺丰呢？

虽然顺丰包下了国内大量的晚航班，但航班主营业务是客运，自然不会因为等待快件而延迟起飞的时间。此时，顺丰又遇到了发展的瓶颈。

要突破这个瓶颈，唯一的办法是拥有自己的飞机。意识到这一点后，顺丰开始筹备建立航空公司相关事宜。2007年3月，王卫宣布将用1000万美元购买两架二手货机，并向民航总局申请成立航空货运公司，这是第一家民营快递公司申请成立航空公司。

2009年，顺丰航空取得了民航总局的支持，成功获得民航总局颁发的《公共航空运输企业经营许可证》。顺丰航空注册资本金为1亿元，其中深圳市泰海投资有限公司出资7500万元，顺丰速运(集团)有限公司出资2500万元，各自占股75%和25%。需要注意的是，王卫掌控着泰海投资99%的股权。

至此，顺丰成为中国第一家建立航空公司的民营快递公司。由B757-200型客机改装的全货运飞机，于2010年1月1日实现了首航。截至2014年10月底，顺丰已有16架自有货机。算上租赁的全货机，目前为顺丰服务的全货机已达36架。这个数字随着时间的推移还在不断被刷新。

翱翔天际的顺丰航空飞机

有了自己的航空公司之后，顺丰的快递速度得到了更为可靠的保障。当然，顺丰并没有减少甚至停止与其他航空公司的合作。相反，在拥有自有货机的同时，顺丰依然延续着与航空公司的密切合作。在国内近1700个早航班当中，顺丰占了800多个，晚班的比例占了将近40%。王卫巧妙地掌握着竞合中的平衡，这让顺丰再一次迈上了更高的台阶。

我们总说，“光脚的不怕穿鞋的”，那是比试近身格斗。若是参加马拉松比赛，不到一千米，光脚的肯定就会满脚血泡，倒地不起，而穿鞋的仍旧会迅步如飞。工欲善其事，必先利其器，这是流传上千年的事理。与航空公司的密切合作，加上自己拥有的飞机，顺丰在时效性上对同行拥有压倒性的优势。

企业在发展中总会遇到瓶颈，这些瓶颈制约着企业的生长。如何去突破它，打通它，这不仅需要企业经营者拥有智慧和实力，还需要一股子狠劲儿。在这一点上，顺丰掌门人王卫非常值得大家学习。

搞定爆仓，赢得电商“芳心”

不管什么时代，谁能把握消费者的心态，谁就是赢家。2014年是不折不扣的电商井喷年，根据国家邮政部门的相关统计，2014年电商旺季从“双11”持续到2015年春节，包括双11、双12、元旦、春节贺岁四大电商高峰，总时长达104天。

做快递，理论上说当然是生意越火爆越好。但某一时段的火爆，还是会让很多快递公司感到头疼，比如春节前后和“双11”。

因为货运量过大，很多快递公司都会出现“爆仓”的情况。“爆仓”是指一家快递企业接收的快递数量远远大于所能处理的数量。大量快递积压在仓储中心和中转站，会导致快递网络瘫痪。习惯网购的人们对“爆仓”并不陌生，各大节日电商促销活动引发的网购热潮，经常导致快递公司出现“爆仓”。

“爆仓”不仅延缓了收发件的速度，还可能发生丢失、损坏、错递，继而引发消费者对电商的退货与差评。消费者是电商的上帝，电商又是快递公司的上帝。快递公司服务好了电商的上帝，才能够取得电商的青睐。

多年以来，顺丰都能从容地应对物流高峰。以春节前的物流高峰为例，别的快递公司因为员工回家过年，人手不够，导致业务出现爆仓，顺丰却不会。这得益于顺丰内部的“人才超市”平台。例如，在深圳工作的湖南员工，如果想回家乡工作，可以通过人才超市发布请求，人力资源部门会协调湖南公司接收该员工。这样，员工就可以在自己的家乡或离家乡不远的地方继续工作，直至春节放假。

当然，仅此一招尚不足以应对爆仓，顺丰还联合企业、学校、机构，采取“灵活用工”的方式，构建临时性的应急体系。

春节过后，业务高峰又会到来，可不少快递员会因为各种原因不再返岗。相对来说，顺丰在节后的人力资源紧张程度并不高，因为顺丰实行了准时报到奖励制度与内部员工推荐制度：员工准时到岗有红包奖励；每推荐一名成熟工，可以获得一笔推荐费。90% 以上的员工在节后不仅准时报到，还能为公司带来更多的人力。

传统快递公司的物流操作基本由人力完成，普遍存在发件速度慢的问题。在电商旺季时，容易出现分派错误。顺丰提供的分仓备货服务，通过系统对接、仓储服务等策略，降低了供应链成本，帮助电商实现物流服务的专业化和消费保障，有效解决了商家身处物流与消费者之间的尴尬。

我们都知道，“双 11”是近年来快递公司爆仓的“事故多发时段”。双 11 是指每年的 11 月 11 日，这天被称为光棍节。从 2009 年开始，每年的 11 月 11 日，以天猫、京东为代表的大型电子商务网站，都会利用这一天进行大规模的打折促销活动，这一天也因此成为网络购物的狂欢节。

2013 年双 11 的平均退货率达到 25%，部分商家更高达 40%，很多消费者的差评都集中在送货慢、物品破损率高。为了确保货物按时送达，帮助商家降低退货率，降低差评，顺丰专门针对高端电商客户推出了名为“保时达”和“买卖保”的增值服务，开辟特殊运力，保障物流畅通，为高端电商商家应对业务高峰保驾护航。

通过“保时达”专属服务，顺丰承诺在双11等电商重要时间节点，只需每单加收5元，便可保证在规定时间最多上浮48小时，将货物送达消费者手中。如在规定时效内没能送达，顺丰将主动赔付。

这一照顾消费者情绪，帮助商家挽救信誉与损失的产品设计，在进行产品测试阶段，就获得大量商家及消费者的关注与认可。

另外，顺丰还从物流环节切入，向高端电商商家推出“买卖保”专属服务：在运费基础上加收1元保费，若物流过程中快件损坏或遗失，商家最高可获得运费100倍的赔偿（最高不超过3000元）；在无任何损失的情况下，若顺丰延误快递时间，最高也可获得顺丰支付的100元赔偿。

2014年，为防止双11出现爆仓，顺丰创造性地推出“分仓备货”这一产品思路，合作商家可与顺丰进行系统对接，再根据商家自身的情况，选择顺丰在全国多区域的仓库位置、数量及各仓库库存。根据用户需求，顺丰统一进行仓库货品的库内操作、货品配送及各仓之间的调拨，实现库存存储、调拨作业、订单发货、包裹配送一条龙服务。

分仓备货为商家提供了15个地区的20个仓库，以及覆盖全国的物流配送能力。除了帮助用户提前备货到发货地，实现“订单未下，宝贝先行”的智能化操作，还能通过长途件变区内件、仓内作业、代发货等连锁操作，帮助用户有效降低人力成本和运费成本。

以目前顺丰的电商月结客户，按最低月发件量1000单粗略计算，顺丰分仓备货，可以让商家每月节省运费超过5000元，节省30%左右的订单配送成本和40%以上的仓库及人工成本。而顺丰还在发货速度方面做出承诺，使用这一服务的发货速度，保持与大型一线电商购物体验相同，并全程实时推送发货配送状态。

每年的双 11，不仅是消费者购物的饕餮盛宴，也是快递巨头们斗法的主战场。2014 年，顺丰通过“分仓备货”“保时达”和“买卖保”三大创新业务，再次赢得广大电商的“芳心”。

此外，为了达到快而稳，王卫会适时“勒住缰绳”：自己不能很好消化的订单，利润再大也不去碰。他始终将顺丰的增长幅度控制在企业能够承受的范围。快，但不盲目求快，该带点儿刹车的时候，他知道减速慢行。

在别的快递公司老板为了巨额订单而喜笑颜开时，顺丰会推掉一些订单，因为一旦超过接单限额，库存的货物很难在当天送完，这样很容易爆仓。在各大节日前后，其他快递公司爆仓已经成为常态，只有顺丰总能保持物流通畅。

快递公司一旦爆仓，就会导致货运需求量大幅增加，员工的工作强度也会相应提升。员工长期疲劳工作，往往会付出很大的代价，比如送货误差增加，物品损坏、丢失的情况增多等。

如果一家快递企业每天接单 300 万件，丢失损坏率达到 0.1%，就是 3000 件，这样企业就很难经营下去。顺丰很好地控制了库存货量，稳定了员工的工作状态，从而降低了人为的失误。

王卫深谙量力而为之道，不会因形势好就头脑发热，盲目扩张，企业牢牢遵循定额接单的原则，使顺丰始终保证物流通畅，从而树立了顺丰的良好形象。与那些让顾客不断抱怨的企业相比，顺丰赢得了更大的市场和更高的声誉。

其实，企业之间的高下往往就在点滴之间。别人需要一天半送到的货，你一天内送到；别人一年中有那么几次爆仓，你一次也没有……就这些点滴的优势，累积起来，就会建立起企业的整体优势，这就是上百万电商以“顺丰包邮”来吸引顾客的底气。

第四章

成长的关键
吸引人，留住人，用好人

没有任何一个时代具有如此激烈的商业竞争，却又获得如此微薄的利润。当人口红利、政策红利和资源红利被消化殆尽时，管理已经成为当今企业最后的红利。在企业面临产业升级的华山一条道时，管理者也亟待升级自己的管理模式。

快递行业真正的核心是人，但快递员队伍是一个特殊的群体，他们出入于高档写字楼间，见惯了都市繁华，而其自身文化程度不高，靠拼体力赚钱，这会给他们带来较大的心理反差。管理好二十几万人的队伍，难度可想而知。就凭这一点，王卫就让马云佩服不已。

三天三夜讲不完的难事，用“三心”轻松搞定

顺风的发展壮大，伴随着员工规模的剧增。截至2014年11月，顺丰拥有员工约28万人。这28万人大多学历不高，来自社会底层，靠双足飞奔来换取报酬。他们没有经过专业的服务技能训练，没有经过职业化的礼仪培训，而他们每天面对的都是形形色色的客户，不要说言行举止，恐怕是一个小小的眼神，都足以改变客户对顺丰的看法。

对于王卫来说，这就像是指挥一个规模空前庞大的交响乐团，而糟糕的是，这些人大多不懂乐谱，没有音乐知识，更没有与人合作表演过交响乐。难吗？肯定难，因为你稍有差池，任何一个细节照顾不到，就可能让一场演出功亏一篑。

商界公认快递行业的管理难度系数高。宅急送原总裁陈平曾吐苦水道，“管理快递这个平台的难度和复杂性，三天三夜都讲不完。”而规模更大的顺丰，在管理上无疑难上加难。

数百亿的年销售额，同行中最低的服务投诉率，最低的人员流动率，这些都证明顺丰管理手段出色。那么，顺丰是如何理顺与员工之间关系呢？

1．有仁心，对员工倾注关爱

读过金庸小说的人，一定知道有部短篇小说《鸳鸯刀》，书中一直在讲有一个无敌于天下的秘密，无数江湖英雄为此你争我夺，结果书的结尾却出人意料——鸳鸯两刀合并，鸳刀上写着“仁者”，鸯刀上写着“无敌”，合起来是“仁者无敌”！原来，仁爱才是无敌于武林和至高无上的终极秘密。

企业经营亦是如此。各种规则制度可以约束、限制一个人，不让他们去做坏事，却无法激发他们更大、更多的激情和工作热情，更不要说具备主人翁精神。这样的企业，是“死气沉沉”的僵化企业。

唯有管理者爱护员工，员工才会真正对企业产生感情，才会真正把企业的事情当成自己的事情。只有这样，企业才是有机的、跳跃的、鲜活的。

> 创业之初，王卫在快递一线干了好几年。王卫深刻体会到一线员工的疾苦，对快递员非常体谅，也非常关心照顾。2008年金融危机爆发后，快递行业受到了严重冲击，不少快递企业只能采取裁人的方式“过冬”。
>
> 和其他企业不同，顺丰没有裁员，而是选择和员工抱团取暖。上到王卫，下到普通管理人员，大家都在给员工加油鼓劲。到了年终，企业非但没有拖欠员工们一分钱工资，还给每个员工都发了一份大大的年终奖。

关键时刻，最能显示出一个人、一家企业的胸怀和境界。在每一刻都可能倒掉的巨大危机面前，顺丰的这种行为，已经超出了管理手段、计谋和作秀的范畴，而是一种发之于心的对员工真切的爱护与关怀。

一位老板能让28万员工倾心相随，除了薪酬，一定还有其他更重要的因素。我们愿意相信，每一个忠心耿耿的员工背后，都有一个关于爱和忠诚的故事。28万人，28万个故事，让每一个员工在顺丰找到归属感，这是员工心系顺丰的原因所在。这也就难怪顺丰员工都言之凿凿，“在顺丰工作很自豪，因为公司处处都在为员工考虑，老板时时挂念着员工。”

范仲淹讲，“居庙堂之高则忧其民”。无论任何企业，管理者从来都不是高高在上的帝王，一旦你这样做，很快就会被推下神坛。你必须忧其所忧，苦其所苦，设身处地地为员工考虑。

佛曰：“爱出者爱返，福往者福来。”对于心怀仁爱的管理者，员工回馈给他的将远远超出他的想象。

2. 有舍心，对员工慷慨分享

无论企业大小，最终都躲不过一个“钱”字。对于老板来说，如何获取金钱，如何使用金钱，能否舍予、散财、分享，体现的不仅是智慧和能力，更是胸襟和气度。

对员工来说，他们之所以在这里工作，之所以选择一个老板、一家企业，原因可能有很多，比如为了爱，为了梦想，为了学习，为了成长，为了实现人生价值等，但落到一点，归根结底都需要有或远或近的金钱回报作为支撑。

这不是世俗，而是一个人生活的需要。况且金钱或者薪酬在一定程度上也是个人价值大小的体现。不信问你一个简单的问题：如果得不到无论是近期的还是远期的任何回报，你还会心甘情愿地为老板、为企业卖命吗？

答案是否定的。作为老板，可能还有很多额外的收入，但对于员工来说，薪酬往往就是他们唯一的收入来源。

顺丰员工的底薪虽然不高，但绩效工资非常可观，这大大激发了员工的工作热情。在员工看来，高薪酬不仅意味着企业效益好，发展前景广阔，还说明企业对员工的重视以及自身价值的大小。这些都无疑为理顺劳资关系提供了条件。

员工没有后顾之忧，内心充满喜悦，面对客户时就会有好脸色、好态度。赢得客户的好感，企业的发展自然也就顺风顺水。

3. 有狠心，对员工严格要求

对平庸者严格要求，促使其突破局限；对优秀者激发其潜能，使其更进一步，这是人力资源管理者的一项重要内容。人都有惰性，你我皆如此。在实际管理中，很多管理者和员工关系很好，因此遇到问题拉不下脸，不好意思严格要求、严格监督和严格考核，这同样是管理不成熟的表现。

管理是一种严肃的爱。如果你爱你的员工，关心他们的成长和未来，那么就要严格要求他们，时常检查他们，定期考核他们，促使他们成长。若碍于情面，处处低目标、低要求，对破坏规则者默许或原谅，只能助长他们懒惰、自私和无知。最终，管理者培养出来的不是左膀右臂，而是一群职场“低能儿”，这才是管理者对员工前途、未来的最大伤害！

对于管理者来说，你想要什么，你就要求什么，检查什么，考核什么。否则，在员工眼里就是你不重视，他们就可以不在乎。

在物流系统尚不完善的时候，很多有违职业道德的行为在快递企业中时常发生。比如，有些未保价的贵重物品（如手机），会被某些内部人员“顺”走，用赔偿几十元的代价将价值数千元的物品据为己有。

为了避免出现这种情况，王卫严格要求，不要说价值2000元的手机，就是只值500元的手机，只要发生这种问题，都会不计代价地追查到底，处罚到底。

王卫认为，人性都是趋利避害的。弄清楚这一点，不要说28万人，就是人数再翻几番，管理起来也没什么难的。

千万不要对严格要求、严格监督、严格检查、严格考核存在偏见。一旦你狠下心来，制定了合适的标准，对他们按规定进行要求、监督和检查，你就会发现很多事情都会按照预定的方向和轨道发展，直至完成最终的目标。这个时候，受益的绝不仅仅是企业！

制度化，让散兵游勇成为正规军

打江山容易，坐江山难。多少武林高手打败了无数江湖小虾、后起之秀和奇侠猛士，在江湖的明争暗斗中取胜，最后却出人意料地在武林盟主的位置上栽了大跟头。不是说你有盖世武功，就可以统领千军万马，管理是一门大学问。

众所周知，一个快件从寄出到送达收件人，少说也要经过六七个人转手，管理难度可想而知。在管理上，王卫遵循“制度是最好的管理”这一原则。

和大多数公司一样，每个进入顺丰的员工，第一件事就是熟悉《员工手册》。很多公司的《员工手册》不过是个摆设，从未起到过应有的作用。但顺丰的《员工手册》却是顺丰的“法典”，包含了顺丰的各项制度。

一提到制度，很多人第一反应就是和“限制”“约束”之类的词汇联结在一起，似乎制度就是用来约束员工的。表面上看，单个制度的目的都是约束，但制度的目的和制度管理的目的是两回事。制度管理的目的，是依靠制度提升组织效率。

一流的企业都很重视制度管理，用制度将一切合理的东西固定下来，同时将一切不合理的东西排除出去。在这个企业内，所有成员职责清晰，流程有序，配合紧密，有章可循，其结果会使 1+1 远远大于 2。

举个例子。同样的人数，同样的装备，同样的单兵能力，让他们组成两支部队，一支靠制度管理，一支是散兵游勇。两只部队对阵，前者的战斗力远远超过后者。

联想集团创始人柳传志十多年前曾经这样说："20 年的中国企业剩下的已经不多了，被淘汰的要么是适应不了环境，要么是在管理方面出了问题。现在能找到的，说话有一席之地的，都是花了很大的力气，在研究真正的企业管理、企业运行规律的，我觉得这才是人间正道。"

远大集团总裁张跃，对制度的推崇到了固执甚至偏执的地步。他说："我一直觉得一个企业最强的不是它的技术，制度才是决定一个企业所有活动的基础。有没有完善的制度，对企业来说不是好和坏之分，而是成和败之分。要么成，要么败！没有制度是一定要败的。"

面对众多的员工，顺丰采用的是积分制管理制度。《员工手册》中清楚地规定了员工的积分制度，每个基层员工都有 20 分的行政分和 20 分的业务分，大到工作守则，小到业务工作中的礼节礼貌，触犯了制度就要扣分。

例如，收派员在填表时信息错误，最高可扣 10 分。在员工个人卫生方面，如蓄胡须、穿拖鞋等，也要被扣分。以前规定一名员工扣分达到 15 分，就会被解聘。随着顺丰业务的发展，这项略显苛刻的制度稍有松动，扣分多了并不直接开除，而是与员工的收入挂钩。和驾驶证的扣分类似，一年后所扣的积分清零，重新从 20 分开始。

顺丰的很多员工对这种制度敬畏有加。因为关于扣分的规定实在太多了，仅在礼节礼貌上，顺丰《员工手册》中就有如下多条规定。

（1）待人热情友好，语言亲切和善，举止稳重，处事得体。

（2）与客户及同事交谈，站立应端正，就座要挺直，用心倾听对方讲话。讲话时语气温和，语言文明。

（3）接听电话时语气要柔和，铃响三声内必须接听电话。接听电话时应先致问候语："您好，顺丰速运公司，我是某某"。同时应与客户亲切交谈，仔细聆听，但应恰当地掌握时间，不可长时间占用电话。说话应吐字清晰，发音准确，语调平和，语速中等，不可左顾右盼，心不在焉。

（4）进入个人办公室前，要先轻轻敲门，听到应答后再进。进入后，回手关门，关门不能大力、粗暴。如对方正在讲话，要稍等静候，不要中途插话。即使要打断说话，也要看机会，而且要说"对不起，打扰一下"。

（5）递交物品时，如递文件，应把正面文字对着对方的方向递送，如是笔、刀子、剪刀等利器，应把尖边朝向自己，以便对方接拿。

（6）无论是在自己的公司，还是在其他场合，在通道和走廊里不能一边走一边大声说话，更不得唱歌或者吹口哨。在通道、走廊里遇到上司或者客户要礼让，不得抢道。

（7）员工在工作时间不得边走路边吸烟，不得当众挖鼻孔，剪指甲，掏耳朵。

（8）保持个人卫生，勤洗澡换衣。按照公司要求着装，不得穿拖鞋、背心、赤膊。办公室男员工不得穿无袖衣服，女员工不得穿过于透视、华丽和暴露的服装。

正如武林高手学习武功不是一蹴而就的一样，所有企业都要经过漫长的过程才能发展壮大。一旦企业做强做大，限于精力，管理者根本没有办法事必躬亲。作为管理者的创始人，也很容易单凭个人好恶使管理流于随意。如此一来，新员工会无所适从，老员工又容易曲意逢迎，企业的管理就会越来越乱，企业经营也越来越低效。

制度管理则能通过制定一套规则来指导员工的行为规范，也更容易使快递行业中大量的"散兵游勇"转化成"正规军"。

金钱刺激，口袋鼓起来才是硬道理

在分配这件事上，早在几千年前，孔夫子就一针见血地指出，“不患寡而患不均”。无论江湖聚义，还是上马走镖，讲究的都是有福同享，有难同当，大块吃肉，大碗喝酒。在这样的组织里，情义往往看起来比利益更重要，理想比现实更重要，快意恩仇比组织生存更重要。

延伸到具体的管理，就是信任比控制重要，忠诚比能力重要，人情比制度重要……但事情真的是这样吗？

答案恰恰相反。如果我们能够透过表象进入深层，就会发现，在这些江湖义气背后，无论是梁山好汉式的江湖聚义，还是唐僧取经式的梦想小分队，或者是其他任何一个帮派组织，都有一些成文或者不成文的规定，目标直指权力归属和责任义务，其中最根本也是最通行的一条标准，就是按劳分配。以唐僧师徒为例，师徒四人能力不同，分工不同，贡献不同，最终所获功名和回报也就不同。

回归到企业管理，薪酬在一定程度上也是一个分配的问题，讲究的也是勤者有其业，劳者有其得。老板在薪酬上一旦有失公允，让多劳者没得到收获，偷懒的反而占了便宜，必然导致劣币驱逐良币，企业最后剩下的必然都是庸常、投机之辈。

一般来说，企业常用的薪酬模式有如下几种。

1. 独孤九剑——高弹性模式

独孤九剑为金庸笔下剑魔独孤求败所创。独孤求败一生但求一败而不得，可见其人武功之高。此功的特点是全力进攻，有进无退，用进攻逼迫敌人不得不防守。

高弹性薪酬分配模式恰如这独孤九剑，胜负成败全在自身能力，一切以业绩为导向，用结果说话。在高弹性模式下，绩效工资在全部薪酬中所占比重很大，而底薪所占比重很小。

优点：业绩对整体薪资影响非常大，这样可以最大限度地激励员工努力工作，激励效果明显。在不断的考核中，该模式也能达到优胜劣汰的目的。一切为业绩而战，员工目标明确，企业总体战略目标容易达成。

缺点：工资弹性幅度较大，员工个人缺乏安全感，流失率较高。同时，员工之间薪酬差距大，也容易造成员工之间各自为政，互相竞争甚至倾轧，不利于团队合作。

2. 九阳神功——高稳定模式

九阳神功刚柔并济，为金庸小说中的上乘内功。练成九阳神功之后，内力增长奇快，用之不竭，更具有疗伤奇效，可保练功者百毒不侵，防御力无可匹敌。

高稳定薪酬模式和此功颇为相似，个人薪酬稳定，员工基本不用承担无薪酬、低薪酬风险。具体来讲，就是在这种模式中，基础工资也就是底薪在工资份额中所占比重较大，绩效工资所占比重小，甚至没有绩效工资。

优点：工资收入稳定，员工具有较强的安全感和稳定性。

缺点：缺少激励功能，员工容易懈怠，得过且过，企业负担较重。

3. 先天功——折中模式

金庸笔下王重阳修炼此功法，该功法的最大特点就是宜攻宜守，攻守兼备。王重阳曾在华山与当时四大高手——东邪黄药师、西毒欧阳锋、南帝段智兴、北丐洪七公相约论剑，最终凭借此功完胜四人，堪称武林奇迹。

折中薪酬模式和此功法类似，既包含绩效部分，也包含基础工资（即底薪）。

优点：既具有激励员工提高绩效的功能，又能给员工一种安全感。

缺点：优点即为缺点，两种优势并存，同时两种优势都有缺失。

以上种种方式，优缺点各异。顺丰采用的是第一种高弹性薪酬模式。在顺丰，快递员的基础薪资只有1000元左右，其他收入要靠绩效工资，也就是快递员个人的业绩和接派单数量来计算。在顺丰，每一单快递费中，都有固定的一部分是属于快递员的。如果你有能力，接的单多，那么你挣得就多。如果你非常勤奋，派的单多，那么你挣得也更多。

相对于外部其他企业，顺丰一直以高工资著称。在顺丰，每个员工的月工资基本上在一个很稳定的水平，很有保障。员工只要努力工作，便能获得满意的收入，甚至收入过万也不是什么稀奇事儿。

听一个朋友讲，他跟一个顺丰小伙子非常熟。前段时间网上沸沸扬扬地传，说顺丰员工的工资8000多元、10000多元。朋友好奇，就问这个小伙子："你们顺丰，普通收派员一个月真能拿10000多元？"

小伙子有些腼腆地说："中关村科贸城那边更多呢，一个月最高的拿过24000元。"

朋友有些吃惊："这么高呀？"

"这有什么啊。你想，我们派一个件3块钱，收一个件2块钱。在那种地方，一天派200个、收100个件不难吧，这一天就是800多元，一个月就能拿 24000 元！”

这个数字听起来的确有些吓人，但想一想顺丰员工那种不要命的干法，一切也就不难理解了。

一个朋友因为工作需要，经常会寄送一些文件。在选择快递公司时，一般是哪家用着顺手找哪家。但有一次，顺丰快递员的一个小小举动打动了他。从此以后，他总是选择顺丰寄送快递。

当时的事件是这样的：因为距离计算错误，顺丰的一个快递员多收了他几块钱。朋友当然并不知道顺丰多收了快递费。一个小时过后，快递员竟然主动找上门来，将多收的快递费给送了回来。

细想一下，不见得是这个事件中快递员的品格有多高，而是月入万元的高薪，让快递员不愿为了几块钱而冒丢掉“金饭碗”的风险。

仓廪实而知礼节，衣食足而知荣辱，说的就是这个道理。

再从企业管理角度看。前面说过，在所有的薪资模式中，低底薪、高提成是最能激发员工工作激情的。事实也的确如此。在顺丰员工看来，这种薪资模式已经让员工的自我认知远远超出了公司员工的范畴。做多拿多，多劳多得，他们更像是给自己当老板。

正如王卫所说，员工自己的命运永远掌握在他们自己手中。因此，不需要更多的督促和管理，顺丰员工就会自动自发地加快派件速度，提升服务质量。顺丰也因此提高了整体工作效率，扩大了公司利润。在这个意义上，计件工资的确在员工和企业之间建立了良性互动关系，创造了双赢局面。

当然，前面也说过，高弹性薪酬模式的弊端也非常明显，员工缺少安全感，稳定性较差。难道顺丰就没有这方面的担心吗？管理从来都是存在悖论的。哲学讲究要看事物的主要矛盾，运用到企业经营中，就是“两利相权取其重，两害相权取其轻”。高弹性薪酬模式必然带来一定程度的员工流失，但从另一方面看，这也正是一个优胜劣汰的过程。

在别人一个月赚一万多元的时候，如果有员工每个月只能拿到一两千、两三千元的工资，这样的员工即便自己不离职，恐怕企业也未必想用。对于留下来的那些员工，一个最简单的道理，虽然快递工作风里来雨里去，但一个月一万多元的工资，你会离开吗？

高手较量，胜负不在剑术，关键在剑道。抛开管理的条条框框，往深层看，王卫是一个深谙人性的高手。我们知道，管理就是管人，但是管人的行为不如管人的欲望。

世界上只有一件事，我们日复一日地做，一天三次地做，不觉得烦，不觉得没意思，那就是吃饭。为什么，因为有需求、有欲望。

员工为什么积极性不够？为什么会觉得烦，觉得累？是因为需求和欲望刺激不够。那么怎么去刺激？毫无疑问，金钱是最为直接也最有效的。这也正是顺丰计件工资的效用所在，当然也是王卫管理企业的高明之处。

讲方法、讲策略，新生代也能成为企业栋梁

加里·哈默是继彼得·德鲁克之后全球最伟大的战略管理大师，他的著作是管理人士和企业家的案头必备。哈默有一个重要的观点：19 世纪至 20 世纪诞生的管理思想，已经不再适应快速发展的当代社会。

关于这一点，哈默做了一个形象的比喻。

> 企业就像一个马戏团，管理者和被管理者就像驯兽师和小狗。驯兽师手里拿着鞭子，一声呼喝，一个手势，小狗就会按部就班地做出某种动作，以期得到奖励，逃避惩罚。但现在这种管理方法已然行不通了。
>
> 我们管理的对象是人。经历了民主化、信息化洗礼的 80 后、90 后们，不再像过去的“小狗”那样听话了。甚至有的管理者提到 80 后、90 后员工，都会连连摇头，视其为“吃人的洪水猛兽”。

派送快递是一桩体力活，80 后、90 后是快递员的主力。和传统的 60 后、70 后不同，80 后、90 后表现出了更多的个性和特点。比如强调自我，缺乏集

体意识，缺少人际理解和妥协，内心脆弱，眼高手低，贪图享受，不爱吃苦，等等。

当然，与之相对应，他们也表现出了很多60后、70后所不具备的优点。比如，他们有独立的价值观，有极大的创造性；他们学习能力强，民主法制意识强，容易被激发，兴趣广泛；自信乐观，注重公平，等等。所以大家可以看到，现在很多80后甚至90后已经走上管理岗位，成为非常优秀的管理者或者创业者。

总之，时至今日，不管你愿不愿意，投给你简历的绝大多数都是80后、90后。如何管理这个性格鲜明的群体，早在2010年6月，王卫在顺丰内刊中就坦言："不同年龄就业群体，对工作本身的认识和个人追求是有很大差异的，这对公司的管理提出了一个挑战。"

那么，顺丰是如何应对这一挑战的呢?

1．管理因人而变

几千年前，孔子就主张教育要"因材施教"。企业管理同样如此。员工特点不同，管理方式自然就要变化。

王卫认为，"管理要因人而变"。他曾经这样说："随着就业群体的改变，公司调整就业模式和管理思路的难度和紧迫性增强了。值得庆幸的是，我们对此早有准备，因为我们一直坚持以人为本的管理理念。"

针对80后、90后员工更加注重公平的特点，顺丰在管理上强调奖罚一定要分明，要让员工明白企业的任何奖惩都是有依据的。即便管理者，也不能根据自己的好恶来决定奖惩。

同时，考虑到年轻员工的内心较为脆弱，更愿意被影响而不是被教育的特点，顺丰致力于树立优秀员工作为榜样，通过潜移默化对员工进行正向引导。

此外，因为80后、90后员工的信息化程度高，对工作环境要求更高，顺丰也在公司信息化管理、企业运营以及工作环境、工作氛围上进行了改进。

最好的管理一定不是泛化的、共性的管理，而是能够因人而异，讲究方式方法，这样才能抓住人才的脉门，让人才成长，同时助力企业发展。

2. 让沟通无障碍

在南京总统府纪念馆孙中山先生用过的会议室墙壁上，悬挂着一副条幅，条幅上浓墨重彩写了四个大字——推心置腹。推心置腹，其实说的就是沟通。强化沟通，也是企业文化的一个象征，更是企业凝聚人心的重要手段。当然，沟通讲究的是“通”。

在企业管理领域，有一个比较客观的说法：企业中 80% 的问题是由于沟通不畅产生的，而我们的时间也有 80% 花在了沟通上。王卫曾经说过，“当一些问题暴露和反映出来后，我们去跟踪处理时，会发现其实很多问题并没有那么复杂，只是在沟通的过程里把问题复杂化了。”

出现这个问题的原因，王卫也总结得非常到位。他说：“我们很多基层管理者是和公司一起成长起来的，对公司做出了不可或缺的贡献，但为什么还会存在沟通上的问题呢？这是因为当就业群体发生改变，管理模式和思路也随之进行调整的时候，我们却没有对基层管理者进行相应的指引，如沟通技巧的辅导等，导致出现一些基层管理上的问题。”

为了与这些新的就业群体之间沟通更加顺畅，顺丰专门开设了沟通渠道，在总部层面还设立了专门的投诉热线。同时，为了不断完善沟通机制，规范问题解决方式，顺丰还研发了一些管理工具，比如信息反馈工具。通过这个工具，个人需求动态都能够通过系统跟踪反馈出来。

除此之外，为了从根本上解决问题，顺丰还强化了对员工沟通能力和沟通技巧方面的培训，以便从人的角度解决沟通问题。

3. 让最好的员工最快地成长

如今，同样的职位，几乎所有小企业付给员工的薪酬都比大企业多，却仍旧招不到人。为什么？因为小企业没有成长空间，缺少爱，缺乏文化，也缺少相应的员工培训。

有人说，好爸爸、好妈妈就是一所好学校，其实好企业、好领导也是一所好学校。在这所学校中，有最完善的人才培养机制，让员工觉得进入这样的企业不仅能收获金钱，还能收获知识、技能和经验。对于员工来说，他们也会从自身发展的长远角度考虑，更愿意加入这样的企业，在企业中学习和成长。

80后、90后员工最有冲劲儿，也最有发展的无限可能。为了让人才更好、更快地成长，顺丰制定了一系列人才培训计划。比如，将基层管理岗位需求清晰化，并设置配套对应的技能培训，然后传授给基层管理者，教会他们如何驾轻就熟，以便服务好一线、二线员工和客户，将这些管理知识和技能的价值发挥到最大限度。

此外，顺丰还出台了一些相应的认证和配套课程，所有顺丰内部员工，只要具备升职条件，就可以根据自己的发展方向选择相应的课程，取得管理资格认证。最后结合其他方面的考核，决定晋升申请是否通过。

所有这些措施，其实都基于王卫的一个基本管理理念——员工是因，企业是果。只有员工们成长了，企业才能够成长。同时，个人的成长不靠关系，命运掌握在自己手里，因此最好的员工理所当然地得到了最快的成长机会。

4. 科学地完成价值观落地

企业是什么？企业就是一群有共同目标和价值观的人在一起，通过产品或服务，赚取利润、实现价值的集合体。价值观是所有一切活动的前提。蓝色巨人IBM有条规定，不管你进来之前是什么颜色，到了IBM，你必须是蓝色的。

如今的80后、90后，物质生活极大丰富，单纯地用经济手段管理他们几乎不可能，所以经常可以看到员工对企业的认同感较差。在这方面，价值观对于加强企业管理具有天然的优势。如果企业能够将自己的价值观灌输到每一个员工的心中，那么员工的归属感、认同感和稳定性就会增强。

价值观很重要，但价值观这几个字也很抽象。对于企业来说，如何才能让企业价值观落地呢？

王卫的用人标准中，有一条叫“价值观决定去留，能力决定上下”，从这里可见其对价值观的重视。为了完成价值观落地，王卫在顺丰内部专门进行了员工培训和价值观宣讲，并进行定期评估。顺丰甚至将价值观细化到员工日常工作中的言行举止，定期不定期地进行考核。对于那些在评估中不达标的员工，处理结果要比个人业绩不达标严重得多。

企业管理发展到今天，业内已经逐步达成了一个共识，那就是没有管理不好的员工，只有不会管理的管理者。80 后、90 后虽然有其自身独特的个性，却也能够给企业的未来发展带来更多、更大的可能。如果企业管理者能够如王卫那样讲方法、讲策略，80 后、90 后以及未来的 00 后，都将成为企业发展的栋梁。

员工流失率高是病，但可以防治

2009年，顺丰的员工达到6万人。员工的工号是顺序向后排列的，当时数字都已经排到220000了。也就说，在顺丰成立的十多年中，员工流失了16万人。毫无疑问，这是一个令人恐怖的数字。

与其他行业相比，快递行业的职业荣誉感较弱，作业环境较差，因此一线员工的流失率始终居高不下，而行业的快速发展又使人才需求量越来越大。这是很多快递企业人力资源部门不得不面对的双重挑战。

和众多快递公司一样，顺丰在高速发展中也遇到过员工流失率走高的问题，其员工流失率甚至一度达到50%左右，很多项目和计划落实时，在人力上都有些捉襟见肘。

不突破人力资源流失过大的瓶颈，王卫纵然有三头六臂，也无法支撑偌大顺丰帝国的正常运转。于是，顺丰提出了“帮助员工成长，解决员工后顾之忧，让员工更愉快地工作”的口号。

顺丰人力资源总裁陈启明曾这样表示：

在良好的环境下，人才能够得到更好的发展。我们构建了优越的人才环境，在招培管评、薪酬、激励、职业生命周期等方面融入对员工的思考。

员工都希望通过适合自己的发展路径去实现人生目标，我们要做的，是在畅通的人才发展渠道里帮助他们快速达成目标。根据员工的性格和意愿，同时启动管理线和专业线两条发展通道。

业务扩张引来大量来自不同工作背景和国籍文化的人才，“兼容并包”的人才文化让他们得以适应并生存下来。

在顺丰这样的劳动密集型企业里，人性化的关怀也是吸引人才的因素之一。我们围绕“医食住教”这些实际层面关怀员工，与医院、企业、政府、学校进行沟通，帮助员工获得相关资源，解决各类人才的后顾之忧。

顺丰打造了完善的内部培训体系，包括企业文化与制度培训、管理培训、专业培训等，还提供了E-Learning学习平台等资源，鼓励员工在企业内得到全面发展，为员工提供自由、公开、广阔的发展平台。

此外，顺丰还实行了“千里马”人才培养机制，坚持从内部选拔人才。员工通过内部选拔、培养、考核，可以从最基层的收派员一步步成长为VP（Vice President的英文缩写，即副总统、副总裁、副总监等职位，泛指所有的高层副级人物）。通过这个机制，总部主管有90%以上都是普通员工升上去的，分部经理这个比例达到80%~90%，高级经理有70%左右，区域总经理的比例也高达60%~70%，甚至还有达到更高层级的。

就医难的问题，顺丰也替员工考虑到了。顺丰联系医院为员工建立快速通道，获取更多的医疗资源，例如体检、重病救助等。年轻员工租住房的压力非常大，顺丰积极与当地政府沟通，获得相关政府资源，为员工谋求更多支持，比如申请廉租房。

对于个性突出的90后，顺丰也改变了“做不好就批评”的管理模式，开通包括内部吐槽 BBS 在内的许多沟通渠道，希望企业文化可以包容、鼓励 90 后大胆提出自己的意见。

招聘时，顺丰会有意识地招收一些家庭条件欠佳的员工。考虑到有些新进员工无力购买电动车，顺丰推行“用者拥有”计划，为所有员工免费配备电动车，希望给家境差但愿意通过辛勤劳动挣钱的员工提供机会。

从以上细节可以看出，顺丰对员工付出了最大的诚意。当然，员工也对顺丰回报了最大的忠诚。顺丰集团目前员工总数约为 28 万人，其中一线收派员占比近 60%；在人员流动率平均高达 70% 的快递行业里，顺丰的员工流失率不到 30%；春节收假，顺丰的员工报到率连续 5 年达到 90% 以上。

适度的员工流失，可以优化企业内部的人员结构，使之充满生机和活力，但过高的员工流失率会让企业不堪重负。人力资源成本并不是每位员工的薪酬可以衡量的，包括作业成本、管理成本、办公费用成本、培训费、招聘费等，像顺丰这类正规的企业还有奖金、养老保险、工伤保险、失业保险、医疗保险等各项费用。如果员工工作效益和成本不成比例，企业的损失将是很大的。

以人力取得成本来说，当招聘会的规模越来越大，人员基数越来越大时，面谈的次数也会相应增加，招聘成本随之上升。如果招聘的人员短时间流失，企业又会增加填补空缺的时间、其他人员的聘雇成本等。即便是内部调换员工补充，从一个岗位转到另一个岗位，或从一个部门转换到另一个部门，期间也会产生员工档案交接成本。因工作不熟悉、产生错误等诸多因素，也会带来成本增加。

另外，员工离开企业，或多或少都存在对企业一定程度的不满。他们可能会自觉或不自觉地做出不利于企业的事情，在员工内部传播会引起人心不稳，扩散出去会损害企业名声。

一般来说，本土企业在 10% 以内的员工流失率（一年内）属于正常。

以业务为导向的公司或团队，可以将尺度放宽到20%。在大多数中小企业里，流失率则超过30%甚至50%。

面对员工的流失，企业经营管理者要尽到自己留人的责任。

让员工拥有参与感

纵观中外企业，无外乎三重境界：第一重，经营财物——为金钱而战，财聚人聚；第二重，经营事业——为事业而战，用事业凝聚人心；第三重，经营精神——为精神而战，用精神聚众！任何企业，最后跟人比的都是精神的高度，员工一旦进入企业的精神道场，也就真正成为与企业共担命运的人。要做到这一点，首先就要让员工拥有一种参与意识，形成一种参与感。

世界上的事情大致可以分为两种，一种是自己的事，一种是别人的事。毫无疑问，我们做自己的事的时候，会投入十二分的热情，我们关心过程，在意结果。中国历史上，有很多轰轰烈烈的农民起义，起义者原本手无寸铁，最终却能推翻一个拥有百万军队的王朝。为什么？因为如果他们不主动参与，就可能被世道逼死，成王败寇，自然会尽自己最大的努力，即便流血牺牲也在所不惜。

经营企业同样如此。企业不是老板的游戏，而是大家共同的平台。顺丰拥有员工二十多万人，要想凝聚起这些人并非易事。考核、监督、制度、奖惩，这些在其他企业可能奏效的手段，在快递企业却可能收效甚微。毕竟，你可以考核员工是否 24 小时将快件送到，却无法考核他们送货时的表情和眼神；你可以考核他们送了多少货，却无法考核他们是否真的竭尽全力维护公司的形象。

怎么办？只有让员工拥有参与感，他们才能发自内心地做他们自己的工作，才能投入更多的精力和心力。

在这方面，顺丰是怎么做的呢？

1．把企业的梦想变成大家的梦想

很多人都曾经问过这样的问题："什么方法最省钱，又最能打造高效的团队？"

答案是："没有什么捷径，如果一定有，那就是梦想！"

宇宙万物中，没有任何一种力量能比梦想更能激动人心，更具爆发力。

侠之大者，为国为民。郭靖的梦想是据守襄阳，捍卫汉人江山，但仅仅依靠个人的力量完全不够。怎么办？只能把这个梦想变成所有襄阳百姓的梦想，大家众志成城，殊死抵抗，打退蒙古铁骑的进犯。

如今，每个企业都有自己的梦想，比如做大做强、打造百年老店、基业常青等；每个员工也都有自己的梦想，如发展平台、物质回报、自我实现等。那么，怎样把员工的梦想融入企业的梦想，铸造大家的企业梦，让员工拥有参与感，进而爆发激情和干劲，也就成了所有企业管理者需要考虑的问题。顺丰无疑是一家有梦想的企业，而王卫也是一个拥有艺术家气质的领导者。

在一次内部讲话中，王卫提到，"企业跟人一样，如果能有一些理想，做事的态度和结果可能就会完全不同，营业额可能就是水到渠成的事。"人有梦想，才会有追求，这是王卫的原话。

他也曾经讲过，顺丰能不能成为中国民族快递业的骄傲，能不能打赢与国外对手的保卫战，这些也许到了最后都不重要了，重要的是让大家看到——“在中国的速递行业中，曾经有这样一批顺丰人，手牵手，心连心，一起努力过；曾经有这样一家叫顺丰的民营企业，能让对手感到可怕可敬！人可以输，但不能输掉尊严；随时都可以死，但要死得有价值——战死，好过做俘虏！”

这样的话，在激励人心的同时，也能凝聚人心。好的老板，不是拥有一个恢宏的个人梦想并实现它，而是有一个恢宏的企业梦。企业梦里面有自己，有管理者，也有普通员工。然后老板带领大家一起去实现它。这样的人不仅仅是管理者，更是领袖。因为大家的梦想连在一起，企业的梦想关系着自己的梦想，员工自然也就更容易产生参与感。

2. 给员工一个看得见的未来

员工为什么愿意跟着你干？给钱、给爱之外，还要给一个美好的未来。狮子的梦想是草原，绵羊的梦想是草。不管员工梦想是大是小，经常吊着胃口就是得不到，狮子和羊都受不了。中层管理者在传播企业发展愿景和梦想时，也要因人制宜地给予员工一些看得见的希望，这样他们才能更有动力，企业的梦想才能越来越近，员工的参与意识才会越来越强。

有个小伙子大学毕业，本来想做一名专业技术和管理水平都过硬的职业经理人，最终却成了顺丰北京区域的首个大学生快递员。第一个月，小伙子拿到了700元钱，租不起房子，在公司打地铺。第二个月，小伙子拿了3000元，虽然工资涨了，小伙子却开始谋划要换一份工作，毕竟谁也不想当一辈子快递员。

有一天，公司总部传真过来几篇文章，小伙子看了看，没想到这却成为他命运的转折点。文章谈的是顺丰的未来，以及顺丰员工的未来。文字朴实无华，小伙子却感受到了一种诚意。文章署名是“王卫”，后来他从同事口中得知，王卫就是自己企业的掌门人。

从那之后，小伙子改变了自己的态度。他不仅决定留下来，还干得更卖力了。他觉得王卫是一个干大事的人，跟着这样一个老板，在这样的一个企业工作有前途。事实也的确如他所想，在王卫的带领下，顺丰飞速成长，这个小伙子也从普通的快递员升职成为高级经理，整个北京地区都归其调控。

员工为什么愿意留在一个企业？为什么愿意为企业卖命干活？因为他知道自己是企业的一份子，只要自己参与进来，这里就有他的未来，就有无限发展的可能。

当你把一个光明的前景摆在员工面前，让他觉得通过自己的努力能够实现的时候，他自然会爆发出最大的参与热情，因为这是他自己的事情，他比任何人都想做得更好。

3．参与管理

刚成立的公司，往往人人都有参与感，人人都会尽心尽力，哪怕拿的钱不多。为什么？因为他们觉得自己是和老板一起奋斗的人，他们最珍惜的就是曾经参与了管理和决策，贡献了自己最大的价值。比如献智献策开发新产品，走南闯北拓展新市场，左冲右突打败竞争对手。他们是参与企业发展的主体，而不是仅仅被告知应该去做什么。这就是员工参与感的一个来源。

人一旦被赋予使命，就会自动自发，积极主动，就会勇敢无畏，执着坚持。作为快递企业，和客户对接的是快递员，他们最了解客户，最清楚客户需要什么样的服务。在顺丰看来，二十多万员工就是顺丰的眼睛和耳朵，他们不仅能送货，还能倾听需求。顺丰始终通过这一途径倾听客户需求，最后让快递员的提议变成更好的、更新的服务。

除此之外，顺丰内部还有规定，公司任何一位员工，如果发现管理者有违规行为，都可以直接向总部集团审计检查委员会投诉和举报。一旦发现情况属实，管理者就会立即被解雇，并追究相关责任。

企业是大家的，任何一个人都有责任维护它，让它变得更好。这就是顺丰的逻辑，同时也是其提升员工参与感的一种重要方式。

一家企业有多大的凝聚力，就可以让多少员工主动参与其中。所有员工携手并肩，创造出来的将不仅仅是一组组令人欣喜的数据，还将创造出数据和金钱难以衡量的恒久价值。

让最可爱的人有尊严地活着

人才是企业生存和发展的关键因素，任何时候，成就企业的都是人。昔者秦招贤异国，委以重任，尊之于高位，终并六国，一统天下；刘邦成就大业，皆因其礼贤下士，相信且重用人才——他请张良为军师运筹帷幄，请韩信做大将冲锋陷阵，请萧何做丞相主理内务；李世民求贤若渴成就百世基业，后发出“帝王之为国也，必藉匡辅之资”的慨叹。史学家司马迁也曾有言：“秦用商君，富国强兵；楚魏用吴起，战胜弱敌；齐威王、宣王用孙子、田忌之徒，而诸侯东面朝齐。”清朝雍正皇帝曾言：“治天下唯管理，管理之道在于用人，除此，皆末节也。”

任何一个组织，手中有人，心中才能不慌。企业同样如此，让最合适的人去做最合适的事情，事业自可大成。

对于顺丰来讲，二十几万员工就是其发展的最大基石。工作在一线的派件员，比管理人员更熟悉客户，也更加能表现这个企业对客户的态度。顺丰的派件员也没有辜负老板王卫的期望，以熟练的技能、积极的态度、良好的服务和强烈的责任心，为顺丰积累下了良好的口碑和广阔的市场基础。

如果说快递企业更像是古代的镖局，那么他们就是一个个独自上路的“镖师”，保卫着客户的财物，也保卫着企业的利润和荣誉。恰如王卫所说，他们才是顺丰最可爱的人。

在回答为什么要做企业，要做顺丰这个问题时，王卫的回答是，要让这批最可爱的人“得到有尊严的生活”。

那么，王卫或者说顺丰，是怎么让员工得到有尊严的生活呢？

1. 感恩员工的付出

如今所有企业都在强调感恩，但更多的时候，我们都是在要求员工感恩，感恩企业，感恩老板。渐渐地，老板也认为接受员工的感激和回报理所当然：“我给了你一份工作，我给你交五险一金，你凭什么不感激我？”“没有我，哪有你的今天？”

李世民讲，“水能载舟，亦能覆舟”。对于国家来说，君王就是舟，老百姓就是水。对于企业来说，员工就是水，老板就是舟。员工能成就一个企业，也能毁掉一个企业。所以到底谁更应该感恩谁，不言而喻。

一个员工在社会上是否有尊严，首先就取决于企业对他们的态度，王卫非常懂得这个道理。在顺丰的整个管理体系中，对管理者有一条要求，就是必须要下基层体验生活。管理者下基层，一方面可以了解企业一线实际的运营情况，另一方面也可以体会一线员工的辛苦。刚进入顺丰的员工，无论学历多高，年纪多大，资历多深，都要从基层做起。

例如，某一支部的组长，大学毕业来到顺丰参加工作，连续五年，每天除了基本的工作外，还要亲自参与分件、搬货、整理报表、拜访客户、维护客户关系等工作。工作十分繁琐，还要承担着整个点部的收派时效、服务投诉、业务量等众多考核压力。

作为最神秘的人，王卫也会经常出现在各地的派送点，不仅“体察民情”，甚至走入一线，亲力亲为。当然，也正是在这个过程中，王卫更加体会到了一线的疾苦，因此他心中才有了这样的想法：一定要让这些最可爱的人更有尊严地活着。他甚至还将这一句话写进了企业发展目标里。

2. 给员工更好的待遇

活在世间，谁都不能免俗。有钱未必能得到一切，但没钱确实寸步难行，更不用说什么有尊严地活着。对于员工来讲，赚钱的意义，除了消除壁垒，拆除物质障碍，获得更广阔的世界之外，还在于证明自己的价值，让自己更有尊严、更有底气地活着。这也是人生重要的内容之一。

在员工的想法中，薪酬高低还代表了个人身份、社会地位，以及在企业中的工作业绩，甚至代表了个人的发展潜力、能力和品行。

心理学研究表明，当一名工资与岗位较低的员工通过自己努力工作，提高了岗位绩效并争取到更高级别的岗位时，他会体验到由于加薪和升职带来的价值实现感以及被企业尊重的喜悦，从而更加努力地工作。

有智慧的老板虽然不缺钱，却能由己及人。王卫是一线快递员出身，也曾经过过苦日子，比谁都明白金钱对于家庭、生活和人生的重要性。因此，他做企业不仅仅为赚钱，更愿意把企业经营所得以薪酬的方式分享给员工。

3. 满足员工获得尊重的情感需求

马斯洛需求层次理论中，获得尊重的需要位于生理需要、安全需要、归属与爱的需要之上，是仅次于自我实现需要的较高层次需要。也就是说，很多时候你仅仅给员工提供衣食住行等生活所需，并不能真正打动他。唯有尊重，才能使他们获得存在感，才能让他们更好地融入企业，为企业的发展贡献力量。

顺丰曾有两名员工在送货途中因车祸身受重伤，但救护车来了之后，他们仍旧坚持不上车，非要等到公司派来救援车。货物都搬到救援车上之后，他们才接受救治。

王卫在表彰大会上虽然表扬了这两名员工的拼命精神，却也说了这样一句话，“在顺丰快递，做任何事情都不能把生命作为代价，我不希望你们这么干。”

众所周知，快递员学历水平和社会地位相对较低，因此进入快递行业，几乎就被当成了运送货物的机器。王卫不希望他的二十多万员工只是按照标准流程操作的机器人，他希望员工都能尊重别人，同时也能尊重自己，成为一位有尊严的人。因此他不仅要求员工不能以生命为代价，而且鼓励员工进行思考，有所追求，形成正确的价值观和人生态度。

对于这些曾经身处社会底层的基层员工来说，这无疑是另外一种意义上的尊严满足。

大清国孝庄皇太后对康熙说：“孙儿，大清国最大的危机不是外面的千军万马，最大的危难在你自己的内心！”经营企业就是经营人心，危难之际，大清集团最高管理者靠什么翦除鳌拜，平定三藩，收复台湾，远征噶尔丹？四个字：以心换心。

同样以服务著称的海底捞有句名言：“管理层感动 10 名顾客，不如去感动 5 名员工。因为受感动的 5 名员工，绝对不止感动 10 名顾客！”

调查也表明，员工满意度每提高 3%，顾客满意度就会提高 5%，而利润可增加 25%~85%！

客户是左手，员工是右手。员工不满意，客户就不可能成为上帝。只有像王卫那样服务好我们的员工，让我们的员工有尊严地活着，我们的员工才会更好地服务于我们的客户，才能更好地尊重我们的客户，我们的客户才会给我们带来利润。这个道理，值得所有企业家铭记在心。

做有修炼的“出头鸟”

虽然早已是国内最大的民营快递公司，但顺丰始终对外界保持着一种神秘感。这种神秘感源自一种刻意的低调。其创始人王卫极少接受媒体采访，也从来不在镜头前大谈成功学、管理学。

然而越是神秘，公众似乎越对他感兴趣。王卫的内部讲话屡屡被整理成文字，挂在网上，供大众学习。2014 年 9 月初，王卫的一次内部发言被许多网站转载。以下为王卫名为“做有修炼的‘出头鸟’”讲话全文。

曾经有人问我，现阶段顺丰面临的最大问题和最需要做的分别是什么？在我看来，最大的问题是人才缺乏；最需要的，则是精细化管理。

最近两年公司发展的速度太快了，增加了很多新业务，产生了很多新岗位。要用有限的资源满足无限的需求，在人力资源层面总感觉有点儿捉襟见肘，而且在短期内恐怕也很难改观。

另外，顺丰之前一直是做标准快递的，现在开始谋求多元化发展，相当于在原来的基础上又伸出一条腿，往前迈了一大步。在这个过程中，会不会影响原来那条腿站立的稳定性，对于我们来说也是一个考验。

这个考验除了人才，还包括管理机制、企业文化、信息系统等方方面面。近年来，有很多电商快递企业在积极创新，谋求跨界，其实也都面临同样的风险和问题。我相信在这方面，很多企业负责人的感受和我是一样的。

1. 实行精细化管理，突破发展“天花板”

顺丰之前的高速发展，主要是靠一整套机制（包括收派员的计提考核等）来推动的。坦白说，这套机制比较粗放，在前期市场大发展时是比较有效的，但是走到现在，这套机制已经遇到“天花板”了。如何突破这层“天花板”，我认为要靠精细化的管理。这个精细化的管理，包括我们的制度流程，管理者的思维模式，管理的方式方法以及信息系统等，都需要再上一个新台阶。

今年，公司的用工规模将突破30万人。在我看来，30万是一个瓶颈。超过这个数字，人员管理的难度将超出我们的想象，对于公司各个管理层来说都是一个很大的挑战，必须慎重对待。

现在我们在公司内部积极推动一些新的管理模式，调整组织架构，提升管理方法，优化更新信息系统，以期更贴近新一代的互联网思维。比如，我现在已经慢慢习惯用手机来办公，每天在上面审批很多方案流程。当然，这个只是针对具体问题的操作手段。我们真正要推广开来的是从管理中发现问题，把员工在日常工作中面临的所有问题都提炼出来，纳入一个闭环管理系统，通过相应的沟通机制和平台适时解决。

这方面的工作现在才刚刚起步，还有很多机制需要建立，同时也还有很多流程需要优化。我希望最终达到的效果，是能够真正降低员工流失率，或者是能够让员工充分感受到公司对他们的关怀，同时整个团队的氛围也越来越好。

当然，我倒不是说我们现在的员工流失率有多么大的上升，但是也没有呈现出下降的趋势，或者说下降得不够明显。我认为真正好的企业应该对员工有很大的吸引力，人员流失率是呈逐年下降趋势的。接下来我希望我们顺丰能够做到以下两点。

第一，进来的员工能够留得住。

第二，留下来的员工不后悔自己的选择，工作中没有怨言。

2．磨合发展，相融共生

近年来，由于公司发展的需要，我们也从外部引入了不少优秀的人才。

但是，任何一个成熟的有历史的企业，都会面临一个人员磨合的问题，那就是后进来的人，怎么把外面先进的管理理念、工作方式或者好的技术有机地融入公司，并且和公司原班人马配合默契。包括一些发展得很好、引领行业的企业，也或多或少地存在这方面的困惑。

比如目前国内的一些互联网公司，都有一套属于自己的独特的企业文化。这套文化可能也为公司的发展立下了汗马功劳，但是对于后来空降过来的人员来说，要完全适应这套文化，就需要一个磨合的过程，可能中途磨合得不好，就自己走掉了。

我们该怎么看待这个问题呢？我认为这是在考验整个公司的文化、机制，包括公司管理层对引入新人员、新技术的信心和决心到底有多大。当然，与此同时，也是在考验整个团队的素质到底怎么样。如果你的企业没有准备好相应的机制、文化，同时，引入人才的决心也不是很坚决的话，那还不如不要引进了。因为就算引进来了，其结果也只会适得其反。新的东西吸收不了，新旧之间还会产生矛盾，难以融合。更可怕的是，会让外面的人对你的公司产生负面评价，最终让优秀的人才对你敬而远之。

还有，就是在引进外部人才的过程中，可以考虑单独孵化一些岗位环境，让这些人先去那里慢慢调整，逐步融合。这个新环境最好不完全是主体内也不完全在主体外。在这里，他既可以慢慢适应公司的大环境，又能赋予其一定的自主权，让他发挥带来的新东西，真正做到内外兼顾，相融共生。

我相信任何一个人进入一家新的企业，之前肯定是做好了各种权衡和心理准备，最终才下定决心的。如果后来那个人没有真正融合进来，不排除有他自己的原因，但主要责任肯定还是在企业。

3. 挑战是一种“修炼”

从今年开始，我个人有一个很大的变化，那就是无论对于工作上遇到的一些困难，还是别人对我的一些挑战，我都把它当成是一种修炼。给我带来挑战的人，我会送他一个称号——“教练”。为什么我会这么看得开呢？因为我觉得这样做了之后，整个人感到很轻松，也有很多提升，因此我很乐于接受“教练”们带给我的鞭策。

现在在都市生活的人，出门开车很容易遇到擦碰。如果你火气盛，下车和对方理论，几句不和就可能会吵起来，吵红了脸就可能会大打出手……如果你转换一种思维方式，把这个人当成是来考验你的——考验你的耐心和修炼是不是达到了一定的水平、境界，就好像我们的“神秘客户”测试，你就不会生气了。当你心平气和地处理完整件事后，你可以很高兴地对自己说：“嘿，我今天又过了一关，修为更精进了！”

在工作上，其实我们也应该秉持这种态度。上班遇到压力，竞争对手带来挑战，我们都可以把它当成是一种修炼。这样你在工作中就不会感到有太大的压力，也不会感到很苦恼，而是用非常积极的心态，争取尽快把这些关卡都过了。这样，你既是在工作，也是在修炼，而且整个人都会觉得很开心。

不管是在工作中，还是在生活中，遇到挑战和不顺，很多人都会觉得别人是专门冲着自己来的。其实越是冲着你来的人，越能给你的人生成长带来助益。很多人说要感谢曾经帮过自己的朋友，但是在我看来，我们更应该感谢那些挑战、打击、坑害过自己的“敌人”。因为朋友不会推你下火坑，一般推你下火坑的都是“敌人”，也即是“教练”。

如果你在火坑里带着怨气就这样呜呼哀哉了，那最后真正害了你的不是别人，恰恰是你自己。但是，如果你在火坑里面熬得住，同时还能够振奋自己，重新爬出来，那你就不会变成“烤鸡”，而是成为“凤凰”。

到最后成功的那一天，你还要不要生那个人的气？我觉得你应该感谢他。感谢完他之后你会发现，原来所有来“对付”你的人，其实都是帮助你提升自我的人。

人生就是一场修炼。在短短几十年里，你就是要修这个。不把这个修好，你每天都会埋怨别人，沉浸在自己的烦恼当中解脱不出来。把这个修炼“通透”了，你就能做到“百毒”不侵，百折不挠。同时，也能够从内心解脱自己，获得真正的自在和快乐。

4. 在顺丰要争做“出头鸟”

其实前一段时间我也很苦恼，感觉这个社会太有挑战性，发展节奏太快，担心自己和顺丰跟不上，因此有很大的压力，很强的危机感。但是，如果我们反过来想一下，那不是又有机会让自己去锻炼提升了吗？这个锻炼不只是思维、能力层面的，还包括让你从内心深处修炼到更高层次。如果你害怕挑战，害怕改变，不懂得修炼自己，只知道抱残守缺，固守在自己原来的一亩三分地上，被淘汰恐怕也是迟早的事。

其实对于我们每个人来说，不管别人对你有什么样的要求，最终还是得过自己那一关。人家要求什么你就给什么，那你究竟是在为自己生活，还是为别人生活呢？顺丰走到今天已经21年了，我一路都认为自己要过自己的关，而不是要跟谁去做交代。当然，我要跟所有员工做交代，这是另外一个层面的问题。

就拿我们的日常工作来说，你说我们的工作要做到什么程度才算OK?人家要求60分，你做事就绝不超过61分？这个态度是不行的，你要自己对自己有交待。不管人家有没有要求，你交出来的东西起码要有80分，这才是我们做人做事应该具备的态度和素养。

顺丰现在有一个很有吸引力的地方，那就是近年来爆发式的发展给员工提供了很多机会。但是机会摆在那里，是不是都能把握得住，我就要打一个问号了。我想对广大员工说的是，你不要老是问公司想要你做什么，你能不能看到一些特别的东西，自己主动去做，或者建议公司去做？

公司的同事，从大的方面可以分为两种：一种是没有收到指令的时候就只会坐在那里耗时间等待，还有一种是即便没有收到指令，他也会主动去寻找机会。有些同事会主动做一些看似不属于他职责范围内的工作，结果给自己带来新的机会，让他在公司的发展更上一层楼。这样的案例我见过不少。这种习惯于“没事找事做”的人，你说他是吃了亏还是占了便宜？那些习惯于等待别人给出指引才行动的人，倒是落得轻松，但最终是吃了亏还是占了便宜呢？

我想说的是，机会是自己争取来的，而且永远只会给有准备的人。

一直以来，在顺丰不存在“枪打出头鸟”的情况。从来没有人因为创新出错，或者是在某一个领域敢于冒出头而受到惩处或打击。我们手头的资源，也都会倾向给那些做事积极，敢于争取敢于付出的人，我们鼓励每一位员工积极去做“出头鸟”。

具有冒险精神，敢于创新，敢于承担，这才是我们顺丰文化和顺丰精神推崇的。

第五章

服务扬名
靠名声行走江湖

有人凭借拳脚功夫在江湖上叱咤风云，也有人仅凭名号号令群雄。旧时，名声是一个人行走江湖的底气，在当代，名声则是一家企业生存发展的灵魂。

对于一家企业来说，好名声就是好口碑，好口碑必须依靠良好的服务来支撑。谁能用服务赢得口碑，赢得客户，谁就能真正赢在江湖！

“顺丰包邮”遍地开花，服务是最有效的营销

和许多花大价钱做广告的公司不同，顺丰很少做广告或营销，但其知名度与美誉度却如病毒一般扩散传播，以至于网上无数家网店都以“顺丰包邮”作为提供优质物流品质的背书。

管理大师彼得·德鲁克曾经说过一句话，“营销是使推荐成为多余”。乍一看，这句话有些让人费解。营销包括调研、定位、定价、广告、推荐和销售，如果推荐成为多余，怎么能叫好营销呢？但仔细思考，其中深意也不难发现。

大诗人杜甫在写“好雨”时，写下“随风潜入夜，润物细无声”的诗句，意思是“好雨”随着春风在夜里悄悄落下，悄然无声地滋润着大地万物。

企业的“好营销”也应该如此。好的营销，不是砸钱做广告硬推，而是应该做足内功，达到“随风潜入夜，润物细无声”的境界——我不说我好，但你知道我好。要达到这种效果，需要为客户提供良好的甚至超出其预期的服务。

以服务闻名的海底捞创始人张勇有一句话：“服务会改变客户的味觉”。他认为，随着消费者的物质需求不断满足，消费行为更多地体现为消费者

情感的自我彰显。这个特点决定了当今消费者不仅忠实产品功能带给他们的利益，更忠实于购买产品过程中获得的“符合自己心理需求”的服务和体验。

一旦你能让消费者的这种心理预期和情感得到满足，他们会自发地成为你的口碑传播者，一传十，十传百，口口相传，形成一种细胞裂变效应，最后形成一个人影响一群人的营销效果。王卫显然明白这一点，因此他要求顺丰在服务上做到不遗余力，尽善尽美。

笔者曾经走访了不少使用顺丰的企业客户与淘宝客户。在走访的全部用户中，有四成客户是朋友间介绍的，另外有六成是因为随机寄件时，发现顺丰“速度快，服务好”，所以成为寄急件、重要件的首选。据他们反映，一旦习惯使用顺丰，再接触其他快递企业，则会感觉不习惯。面对“如果别人需要推荐快递企业，会选择顺丰吗？”这样的提问，有九成受访者的答案是“会”，因为这让他们觉得是“对别人负责”。

好的服务自己会“说话”。如今社交媒体如此方便，使用一件商品或服务，如果体验很好，我们会在社交媒体上分享；体验不好，我们同样会在上面分享。再联系上面说的，服务会影响消费者的用户体验，那么服务也就被赋予了一层更重要的意义——营销。

对于快递企业来讲，服务营销要想取得良好效果是艰难的。这是因为快递企业的服务有太多环节，太多责任人，同时也存在太多不可控因素，因此很难保证服务效果统一化、标准化。谁知难而上并克服困难，谁就能脱颖而出。

中国国际物流节组委会副秘书长伍华认为，“在顺丰的成功当中，最重要的一条就是服务的标准化。”他说：“顺丰一开始就建立了直营的模式，一开始制定的标准就比较高，尽管现在看它的价格是最贵的，但是它的服务也是最好的。”

顺丰是如何做到的呢？

1. 统一的直营模式

顺丰实现直营之后，一方面保证了资源的合理调度，另一方面让顺丰的品牌得到了更有力的维护。企业各个部门不会各自为战，为了局部利益而砸顺丰的牌子。这在很大程度上保证了顺丰的服务质量，同时为服务标准化和统一化提供了保证。

2. 统一的服务平台

凭借统一的呼叫平台，统一的数据中心，统一的物流信息系统，统一的管理系统，统一的资源调度平台，一系列中心系统构成的服务平台，使顺丰做到了全国，甚至世界各地的统一资源、统一服务，在技术层面保证了全程服务的一致性。

3. 统一的服务意识

快递行业可以说是一个低门槛的行业，只要你吃苦耐劳，就能从事一线快递员的工作。但顺丰却在这一点的基础上又加了几条标准，比如良好的性格，过硬的服务意识，甚至是个人形象也有一些不成文的标准。最终达到了人员着装形象规范统一，工具统一，服务口径统一，传递出了顺丰高效统一的服务管理。

此外，王卫深知，员工给客户提供服务的好坏，决定了用户选择顺丰与否。顺丰之所以给员工的工资比同行业更高，也是希望员工能为用户提供更好的服务。事实上，顺丰在服务客户方面考虑得确实比其他快递企业更多。例如，很多快递员在送件时，经常是扔下东西就走，但顺丰要求员工将快件送到后，还要将收件时间和收件人姓名记录下来，以方便查询。其他快递公司最怕客户验货，甚至会表现出种种不耐烦，但顺丰的员工会主动告知先验货再签收。

任何服务都是由人来完成的，服务硬件实现了统一化、标准化之后，还必须在人的意识上下功夫。顺丰快递人员服务质量普遍较高，已经得到了业界的公认，日积月累，顺丰的服务口碑便与同行逐渐拉开了差距。

当今各行各业竞争都异常激烈，消费者潜意识里对商家普遍缺乏信任感，似乎商家天生就是一副唯利是图的嘴脸。究其原因，正是因为不少企业只是将“顾客就是上帝”挂在嘴边，却落实不到行动中。售前甜言蜜语说尽，售后却是另一个样子。

在客户服务上打折扣，无异于慢性自杀。那些无法提供实实在在服务的企业，自然很难靠名声“行走江湖”，最终也只能落得个四面楚歌的结局。

完善服务，持续提升客户满意度

作为服务业企业，客户满意是对企业的最高评价。客户满意度调查有利于发现各环节出现的问题，从而改善与提高服务质量和满意度水平，并推动企业健康成长。

中国标准化研究院 2014 年 3 月 28 日发布了 2014 年中国顾客满意度调查结果，快递服务行业也在调查之列。调查的得分情况分别是：顺丰以 81.7 的高分位居第一，紧随其后的是汇通，得分为 77.2 分。

顺丰领跑中国快递行业满意度，这个调查结果对于绝大多数顾客来说都应该是意料之中的。这一切当然和顺丰为满足客户需求、提供客户服务做出的努力是分不开的。

为了提高运送速度，顺丰每年都要花费数亿资金购买运输设备，每年购买的运输车辆逾 2000 辆。在接受记者采访时，王卫曾说："我们从 10 年前就想发展自有飞机，一架飞机的采购价格要数亿元，航空运输成本也很高。特别是现在油价贵了，一趟航班仅运输成本可能就要十几万元，还不算飞机维护和机组人员培训的费用。"包括购买自有飞机，研制自动化分拣系统，都是顺丰为提高寄送速度做出的努力。

对于很多企业来说，快和好就像鱼和熊掌一样不能兼得。因此有人要么追求速度，忽略了质量；要么保证了质量，却丧失了速度，同时也失去了利润。但顺丰的快和好似乎并行不悖。

顺丰的快不是忽视质量的快，而是依靠先进工具和设备提高速度。对于顺丰来说，快永远都是在保证服务质量基础之上的。

为了提高客户满意度，顺丰在全国范围内建立了11个独立的呼叫中心，实现快件状态查询、业务咨询、投诉建议、自动传真等服务功能，为广大客户提供高质量、高效率、全方位的优质客户服务与支持。

另外，顺丰还为用户提供了方便快捷的网上自助服务。这项技术使客户可以随时登录顺丰网站，享受网上自助下单和查询服务。再加上灵活的支付结算方式，寄方支付、到方支付、第三方支付、现金结算、月度结算、转账结算、支票结算等，客户可选择任何自己方便的方式。

网上可以全程把控货物的运送情况。很多人会说，很多快递公司都可以在网上查询物流信息。顺丰的与众不同之处，就在于其查询更精准，更迅速。很多快递查询只支持数个小时甚至一天前的动向，但顺丰的快件是随时录入系统的，顾客通过物流查询，能准确地了解自己货物所处的位置和状态。正因如此，很多人在寄递相对重要的快件时，都是非顺丰不可，因为顺丰的服务让他们感到安心。

顺丰内部每年都会开展年度客户满意度调查，调查结果将作为经营单位重要的考核内容和指标，以此来推动顺丰内部改进，提升客户服务质量。事实上，对于大多数服务性机构而言，这也是培养客户满意度的好方法。客户会告诉你长久以来他们一直期望的，而你要做的只是去收集、分析、理解，当然最后还要付诸实施。

透过细节，把服务做到与众不同

如今，产品严重同质化已经是不争的事实。无论你提供的是有形的商品还是无形的服务，想要在大的方向、大的方面出奇制胜，做到人无我有，已经十分困难。特别是那些进入壁垒较低的行业，模仿和跟风很容易，想要与众不同，则是难上加难。

这个时候应该怎么办？有句话叫“一事精致，便能动人”。这种精致不是靠浮夸和华而不实的广告得来的，而是靠细节取胜。

顺丰在细节方面做得如何呢？这次得从笔者的一次快递经历说起。

当时已经临近春节，熟悉的几个快递公司早早告知已经停运。但和当时很多公司一样，我们的业务不能停。正好有几份文件要发，一打听，当时只有顺丰还没有停运。这个时候，价钱其实已经不重要了，关键是要把文件发出去。

当然，顺丰快递的小伙子来了之后，我们也是各种不放心。别的快递公司都放假了，你们还能保证原来的运送速度吗？小伙子说：“您尽管放心，我们全程都有跟踪，您随时可以查询快件走到哪里了。”

因为是同城快递，上午把快件寄走，下午对方竟然真的收到了，并且一路都有消息提醒。快递到了对方手中，更有专门的短信提醒。接下来的那段时间，无论收快件还是发快件，几乎都是用顺丰。

不仅如此，其他快递公司，下午五六点钟以后打电话通知取件，对方会回答说，“对不起，我们下班了”，或者有时候直接告诉你过不去了。但在顺丰，正如其承诺的那样，24 小时收件，并且 365 天不停运。下班后不方便签收，小伙子说“我可以先带回去，等你有时间了我再送过来，或者让我的同事给你送过来”。快递签收之后，无论转了几手，都会有人跟你核实是否已经签收。

以前，找其他快递公司的电话，得先打总部电话，然后几经周折，才能找到本市总部的电话，之后又要打小区站点电话。打到小区站点，对方又说，“给你个电话，你自己联系快递员吧”。手头不方便，没有笔，“那就等你手里有笔了再打”。最后好不容易记下电话，打过去时，对方却告诉我，“对不起，我现在不负责那片了，你找别人吧”。

顺丰不一样，打了全国统一 400 服务电话后，顺丰就会主动将单派给距离你最近的一个快递员。一步到位，省去了客户的许多麻烦。

细节创造与众不同。当年小米进军电视行业的时候，电视行业不乏巨头，更不缺少固守品牌几十年的老牌电视制造企业。大家的硬件设施相差并不太多，但小米的一个“寻找遥控器”功能，却让很多粉丝眼前一亮，也赢得了业界的赞赏。

在产品同质化严重的今天，唯有细节才能让你从大众产品和服务中脱颖而出。在这方面，顺丰无疑是赢家。

1. 全国统一电话

你只需要拨打一个全国统一400服务电话，就可以方便迅速地完成寄件、咨询、查询等各项业务。顺丰先进的内部系统，会以最快的速度帮你联系到相关负责人，并且他们会主动联系客户，为客户提供服务。

毫无疑问，对于客户来说，这比打一圈电话，最后还得自己找人贴心多了。

2. 问题闭环

顺丰内部有项制度叫“首问责任制”，具体来说就是当客户有问题时，第一个被咨询的人就是“首问责任人”。如果客户提出的问题或要求是自己职责范围之内的事，那么首问责任人要在规定时间内予以答复和办理。如果不是自己职责范围内的，要主动把客户引导到相关部门或者责任人，并最终由首问责任人进行核实。对不遵循首问责任制，甚至造成不良影响的员工，顺丰内部会给予相应的处理。

有了这个制度之后，就形成了一个问题闭环，有效阻止了内部人员互相推诿。以送件为例，如果第一个人因为自身原因或者客户原因，不能在规定的时间内将快件送到客户手中，那么快件会交给其他快递员，并由第一人打电话通知并最终确认快件是否顺利签收。这就保证了能够为客户提供及时、高效、便捷的服务。

3. 到付件收费更合理

收寄快件时，经常有到付的情况。其他快递公司为了避免到付件承担过多的风险，或者垫资过多，会有意提高到付件价格。

有时候客户很苦恼，是自己付费呢，还是留待对方支付？如果自己付费，费用实在不应该由自己出；如果是到付，那么对方又会额外多付钱，增加成本。

顺丰却反其道而行——无论寄件方付费还是收件方付费，费用都是一样的，这一措施解决了客户的不少烦恼。

4．签收知会

寄发快递，正常情况下，要想知道对方是否已经收到物品，需要寄件方联系对方进行询问，或者对方主动打电话告知。但顺丰将这一责任由客户转移到了自己身上。凡使用顺丰快递寄送物品，如果对方已经签收，那么顺丰就会及时通知寄件方。这无疑为客户节省了时间，在服务上让客户更省心。

5．统一制服

很多快递公司觉得车辆和服装这些都是小事，反正只要把物品安全送到就可以了。实际上并非如此。我们看顺丰是如何做的。

无论什么时候，无论在什么地区，顺丰快递的车辆都是统一的，快递人员的服装也是统一的。和其他快递公司一比较，简直就是正规军和杂牌军的区别。这其实也是服务的一个重要内容：统一的车辆和服装，无疑让客户更放心。

延伸一下，如果所有快递公司都能做到顺丰这样统一着装，那么也就不会有那些冒充快递人员入室作案的事情了。

以上这些就是顺丰在服务中比较特别且重要的一些服务细节。正是通过这些细节，顺丰将自己与其他快递公司区别开来，真正做出了品牌，做出了特色。

提供增值服务，让客户感到踏实又温暖

高手行走江湖，都有自己独特的招式或者绝学，这是他们身上独特的标记，亦是决战时的取胜之道。

和凭借武功绝学与对手“分高下，决生死”的武林人士一样，顺丰同样有自己的必杀技，那便是顺丰的增值服务。增值服务是指根据客户需要，为客户提供的超出常规服务范围的服务，或者采用超出常规的服务方法提供服务。对于快递行业来讲，可以理解为“在完成物流基本功能的基础上，根据客户需求提供各种延伸业务活动”。

顺丰的增值服务包括代收货款、保价、通知派送、签回单、限时派送、委托收件、MSG 短信通知、免费供应纸箱、特安快递、夜晚收件等多项增值和优质服务。以 MSG 短信通知为例，我们就能看到顺丰这项增值服务的价值所在。

寄件时，在顺丰运单上填写手机号码并勾选“MSG”，快件成功签收后，“快件签收短信通知”会主动将快件的派送签收信息发送到发件人的手机。这条微不足道的提示短信，让很多客户心头感到踏实又温暖。

快递寄出后，要确定对方是否成功签收，或者什么时候签收，只能通

过电话或其他通信手段与收件人沟通。顺丰的“MSG短信通知”不用多花一分钱，就解决了这个问题，受到了客户的热烈点赞。

一项增值服务能取得良好的用户体验和应用效果，更多项的顺丰增值服务叠加起来，其魔力自然更大，但也会成为其他竞争对手争相效仿。因为“增值服务”是超前的、个性的服务体验，所以当某种增值服务被大多数同行企业普通采用后，便会逐渐成为一种标准的服务流程，之后该服务便不再具有所谓的“增值”功能，这是市场发展的必然规律。

比如，在很早以前，送货上门服务在市场中还比较罕见时，它便是一种增值服务（上门服务没有在服务流程内，客户也没有提出上门要求，是企业主动提出的无偿服务）。当所有相关企业都提供送货上门的服务后，送货上门就不算是增值服务，而算是基本的服务流程了。这时候，这项服务就无法通过“增值”来凸显企业特色，企业需要重新寻找其他的“增值点”，以此保持自己的竞争力。

增值服务是有进化功能的，永远能给人一种意料之外、想象不到的惊喜。当然，对于对手来说，增值服务更多的则是惊吓。不管怎样，顺丰凭借自己不断推出的增值服务，不断打造属于自己的独特元素，同时也为快递行业注入了一股又一股新的血液与活力，在为人们带来更加便捷服务的同进，也满足了人们内心深处的需求。

不惜一切代价，一定要把货物送到

国际快递巨头联邦快递的广告语——“联邦快递，使命必达”，这句话可谓世人皆知，耳熟能详。要说这句广告语的灵魂，关键就是这个“必”字。“必”表现的是一种决心，一种魄力。客户信任你，将快件交予你，你就必须要送到，无论付出什么样的代价，过程可能是坎坷的，但结果是唯一的。

快递行业这种“使命必达”的特点，很容易让我们联想到过去存在的“镖局”。包括会友镖局、昌隆镖局、万通镖局等在内的十大著名镖局，在中国社会历史上留下了浓墨重彩的一笔。影视剧中神乎其技的“龙门镖局”，更是让人肃然起敬。

为了保护货物，镖局的镖师们不惜以性命相搏，甚至不少镖局打出广告“人在镖在”，这与联邦快递的广告语有异曲同工之妙。其实，快递企业与镖局的性质相似，就是没有任何借口地将货物准时、安全送达。

王卫就曾霸气凛然地说，不惜一切代价，一定要把货物送到！王卫说此话的背景正是2008年春节前后——50年一遇的大雪和冰冻肆虐大半个中国，数不清的交通要道陷入瘫痪，这种灾难性的天气，自然影响到了快递企业。

2008年1月10日起，中国发生了大范围低温、雨雪、冰冻等自然灾害。当时许多快递企业发出停止收发件或只收件暂缓发件的声明。这样的决定不难理解，大量航班停运或延误，路上交通被迫中断或停止，停止或部分停止收发件也在情理之中。

顺丰当时也受到了极大的影响，大量航班和航线因为天气原因取消，很多货物根本无法及时送达。再看看顺丰的仓库，囤积了约150吨的货物。如果物流周转不开，极有可能爆仓，后果不堪设想。

在这样严峻的局势下，王卫宣布顺丰不会停止收发件。顺丰正常收发件，对于很多需要送急件的客户无疑是救命稻草。当然，顺丰为此付出了极大的代价。

1月28日，南方的雪灾更加严重，交通几乎陷入瘫痪。为了防止爆仓，让物流持续运转，顺丰成立了专门负责此次事件的“1·28小组”，解决“任何时间任何地点发生的任何紧急情况”。王卫下达命令，不惜一切代价，一定要把货物送到！

要想迅速缓解物流链停滞的情况，最快的方法无疑是空运。但在绝大多数航班停飞的情况下，能为顺丰所用的飞机寥寥无几。为了尽快将货物送到客户手中，顺丰不惜投入重金，高价租用飞机腹仓送货，还为自有的全货运包机开通了付费专线，24小时待命。很快，天气变得极端恶劣，能正常飞行的航线已近乎零。于是，顺丰又在长途干线货车租赁上投入重金，尽可能将货物送达客户。

对每一个顺丰人来说，那都是一段艰难的日子。由于顺丰正常收件，他们不仅面对着仓库里堆积如山的货物，还接到了因同行停止收货而涌来的大量订单。为了能更早将货物送到客户手中，顺丰员工和严酷的天气斗争着，加班加点地不停奔波。

正是凭借顺丰每一位员工的不懈努力，仓库里堆积如山的货物一点一点减少，到了2月2日，积压的货物送出去近一半。2月24日，这场肆虐了一个多月的冰冻雪灾终于过去，顺丰也挺过了这段通宵达旦抢工的日子。

在严酷的天气面前，顺丰即使停止收发件也无可厚非，但顺丰深知有些货物是客户亟需递送的。有的可能是特效药，有的可能是重要文件，一旦滞留，说不定关系到一条人命，或者一份价值十几亿元的合同。也正是这样的责任感，让顺丰投入重金，不惜一切代价将货物送达。

在这场灾难中，顺丰用“不惜一切代价把货物送到”的决心和行动，交出一份让客户满意的答卷。当雪灾过去，顺丰“使命必达”的企业形象也深深地植根于客户的心中。

并不是只有快递行业需要这种“使命必达”的态度，任何行业都需要这种精神。说到这里，蓝色巨人 IBM 是个不得不提的企业。为了客户，IBM 同样是不惜一切代价。

IBM 明确规定，任何员工不得因冒犯顾客而损害公司形象，否则会立刻开除。每一个员工都必须以客户为中心。事实上，IBM 流传着不少为服务客户而不惜一切代价的案例。

IBM 一位女服务代表承诺在规定的时间内为一位客户送去恢复失灵数据中心存储功能的零件，但就在其开车送货的路上，遇到一场突如其来的暴雨，交通堵塞非常严重。为了在承诺的时间将零件送交客户，该服务代表竟然拿出车中的旱冰鞋，冒雨滑行数公里，将零件在规定的时间内送达。

在 IBM，这样的案例数不胜数。一位工程师为了给一位位置偏僻的客户维修打字机，不惜步行几十公里；程序员因大雪封山，无法到达客户所在地，IBM 不顾成本，竟然为客户紧急空投程序员……

也正是因为不惜一切代价及时为客户服务的精神，IBM 才赢得了“世界上最讲究以服务为中心的公司”的美誉，才能成为为数不多的“在为客户安装好设备、开出支票之后，仍然与客户保持‘热恋’关系”的企业。

不惜一切代价把货物送到，这是快递企业最起码的承诺。不惜一切代价，也是各行各业将公司做大、做强不可或缺的责任感和使命感。唯有兑现承诺，才能形成口碑；唯有千万人的口碑，才能铸就品牌。有了品牌，何愁业务和利润？

第六章

身处险地
进攻是最好的防守

虎嗅网创始人李岷女士说，“海平面正在上升。一些人直到潮水淹没到胸部，才确认这世界确实不一样了；一些人从很早就感到焦灼，并追问自己与他人该如何做，却无法将双足从急速的流沙中拔出……少数人从一开始就果断选择逐浪而行。只有后者才不会被海潮吞没。”

显然，王卫正属于逐浪而生的人。面对对手的步步紧逼，他喜欢采取主动进攻的态度。王卫既是一个审慎的商人，也是一个热情的梦想家。他身上既有运动家的沉着浪漫，也有当代商人食肉动物一般的攻击性。

有人评价说，“王卫很勇（敢），他有胆子不断扩张，赚10块再拿8块去开新商铺”。

危机来临，怎么接招

《孙子兵法》有云：“乱生于治，怯生于勇，弱生于强。”

在企业竞争中，危机常常不期而至。在危机来临的时候，有的人置之死地而后生，反败为胜，有的人则在危机中失去生存的机会。

经济学家郎咸平说过这样一句话，“没有经过经济危机洗礼的民族，不可能是经济上成熟的民族；没有经过经济危机洗礼的企业家，不可能是成熟的企业家”。真正成熟的企业家，往往是那些在危机中发掘隐藏商机的人。显然，王卫就是这样一个人。

2008年1月13日午夜，顺丰湖北分区中转仓库的隔壁因电线短路引起大火。很快，火焰就蔓延到了顺丰的中转仓库。

当顺丰的值班人员发现火情时，整个仓库已有一半陷入火海。他们当即拨通119，同时积极开展自救。那一晚，该区所有工作人员几乎都没有睡觉。

第二天一早，顺丰工作人员开始逐一联系受损货物的发件人和收件人，向他们通告此事并致歉，同时承诺公司将尽快拿出解决方案。抵达湖北的应急小组也迅速展开危机处理工作。

为了做好危机管理，应急小组将其他地区的呼叫中心转移到了湖北地区。对于上门询问具体情况的客户，顺丰专门设立了应答室负责接待。面对网络上关于顺丰此次意外的讨论，顺丰也及时作出声明，避免网络上流传的各种不确定信息误导消费者。

经过三天紧锣密鼓的工作后,顺丰应急小组给出如下解决方案。

尊敬的客户：

这次由于我司湖北中转场受邻近火灾事故波及，给广大客户造成困扰，在此我代表顺丰速运向受影响的客户表示深深的歉意。现在相关政府部门正对事故原因进行调查，在事故责任鉴定还没有定论前，我们不方便也不会对此发表意见。但是请大家绝对放心，作为一家负责任的企业，我们是绝对不会逃避责任的。对你们关注的理赔方面的问题，我作出以下表态。

1. 对于明确填写品名和申报了货品价值的客户，申报价值在5000元以下的，本着对你们的充分信任，我们在不作任何调查的情况下，马上按照物品的申报价值赔偿。

2. 对没有填写品名，也没有申报货品价值，后来才提出品名和价值；或者原来申报的价值在5000元以上的，我们会尽快作出调查核实。这需要一段时间，希望这部分顾客能够理解。我们已经成立专门小组，对这部分客户的情况作出跟进，核实损失，并在合理合据的情况下承担我们应负的责任。

3. 所有填写文件类的快件，一律以2000元的额度赔偿。

顺丰是有社会责任心的企业，我们一直的使命观是成就客户，因此我们绝对不会推卸应负的责任，不会为了自己的利益作出损害客户的行为，因为这样违背了顺丰自己的核心价值观。

我由衷地希望广大客户能够给我们一定的时间，抱着宽容的心态面对问题，一起以积极、相互理解的态度来解决问题。我们会积极汲取教训，完善自身管理，以更好的服务来回报大家一直以来对我们的支持。

顺丰速运（集团）有限公司

总裁：王 卫

2008 年 1 月 17 日

备注 1：应对这次事故，我们是因应特殊的性质，作出特例处理。

备注 2：这次的理赔标准大大超出了行业标准。

用大大超出行业标准的价格赔偿客户，显示了顺丰的诚意与担当，绝大多数受损客户都对顺丰表示了理解。销售数据最有说服力，顺丰湖北区 1 月份与 2 月份的业务量并没有下降，与 2007 年 12 月基本持平。

古训有云：道高益安，势高益危；居赫赫之势，失身且有日矣。

在瞬息万变的市场中，企业难免会遇到某些重大的、具有负面影响力的事件或危机。有时候虽然事件与自己无关，只是竞争对手的一个错误，都会殃及到自己身上。例如，南京冠生园的陈馅危机与石家庄三鹿集团的三聚氰胺事件，分别将月饼与奶粉行业拖入泥潭，还将所有食品厂商都推到了公众怀疑的目光之下。

在信息传播异常迅猛，消费者对于产品质量要求严格，以及大量同质替代产品虎视眈眈之下，一个小小的危机，只要处理不慎，就有可能令自身跌入万劫不复的深渊。每一家企业的经营管理者，不论业大业小，都应该具有危机意识，并掌握应对危机的有效方法。

从顺丰应对危机的方法中，可以清晰地理出危机公关的脉络。

1. 迅速反应

这是争取主动，化解信息真空期各种负面猜测蔓延的最好方法，也是表示诚意的一个重要表现。

2. 告之实情

这是博取公众同情和理解的一个手段。挤牙膏式地给出真相，只会加深误会、猜疑与对立。用谎言应对更是无疑于自杀。一个谎言要靠N个谎言来支撑。在当今信息日益透明的环境下，在公众的大量关注下，谎言几乎没有任何存活的空间。

3. 负荆请罪

人非圣贤，孰能无过？如果犯错的人有诚意，对与错将会变得不那么重要。舆论总是同情弱者，公众对当事人态度的关注更甚于事件本身——从心理学的角度来说，就是感觉胜于真实。

4. 承担损失

这是表达诚意的一个重要态度。能推就推，能赖就赖，只会带来更大的报复。如“砸奔驰事件”、三菱越野车事件、东芝笔记本事件，都因为商家不愿承担损失，引发消费者更为过激的反应，对于其品牌带来了不小的损失。

顺丰在仓库失火事件中及时做出承诺，体现了企业负责的精神。

5. 高层出面

王卫亲自出马，有利于危机的顺利处理。高层在信息以及权力上比中下级管理人员占有绝对优势，他可以即时回答公众的问题，无须层层上报，立即代表企业作出承诺。此外，高层出面也从侧面反映出企业对突发事件的重视，有助于平复公众的负面情绪。

不是所有的危机事件都是坏事。无论是两军对垒还是企业竞争，危险与机会都是并存的。

2003年，SARS病毒让国人陷入巨大的混乱与恐慌。受市场局势的影响，航空运价也“雪崩”般地下跌。

顺丰“乘虚而入”，和扬子江快运建立了长期合作关系。与此同时，精明的王卫还与多家航空公司签订协议，以优惠的价格拿下了国内230多条航线的专用腹仓，负责在全国各个城市之间运送快件。

可以说，在整个经营业和航空业的危机当中，顺丰冲破了雾霾与黑云，抓住了迅速发展的商机。其实，王卫很早就想打造“飞机快递”的模式，因为他知道随着顺丰业务量的不断递增，“飞机快递”是让顺丰在细分市场中增加竞争优势的最佳选择。

由于飞机价格不菲，王卫一直在等待商机。当航空业危机来临的时候，王卫意识到商机来了。于是他抓住商机，迅速与多家航空公司建立了合作关系，在很大程度上提高了顺丰的运营效率，并在无形中降低了成本。别人的危机，给顺丰带来了巨大的发展推力。

顺丰的这一系列举动，曾一度引起业内关注。

包租货机，使顺丰获得了很大的主动性，实现了快件的次晨送达或次日送达。即便是从深圳到北京这样由南向北的长途快递，所需运输时间也能控制在24小时之内。另外，飞机运输也让顺丰大大降低了快件的破损率和遗失率。

当然，与陆运相比，空运快件成本不菲。但付出是有回报的，包租货机的顺丰将“快递”二字变为了现实，真正实现了“急用户之所急”。这是一个良性循环，因为快，顺丰的业务量不断攀升，增长速度甚至一度达到50%；因为业务量不断增长，形成了可观的规模优势，又在很大程度上抵消了包机带来的高成本，确保快递价格始终处于客户能够接受的范围之内。

2003年之后，顺丰凭借包机的便利，以低价香港件做主打产品，横扫华东乃至整个中国，迅速完成全国200多个网点的布局，进入发展最为迅速的时期。SARS这场危机中的“机会”，让王卫抓到了。

在整个SARS危机中，王卫和顺丰赢得了商机。变危为机的原因，就在于王卫看透了整个行业在利益驱使下的“江湖规则”，另辟蹊径回归商业的品质。王卫的判断力无疑是正确的，别人的危机成就了他的商机，岂有不赢的道理?

不要奢望创业的道路会一马平川，危机总会不时地出现。处理危机的手段高低，是创业成败的分水岭。同样的问题，有人看到的是危险，有人看到的是机会。眼光和思维的不同，决定了人和人、企业与企业之间的地位差异。

正如老子所言，“祸兮福之所倚，福兮祸之所伏”。当陷入危机中时，善于发掘，总能找到属于你的商机。

危险+机会=危机。如果洞悉了危机的奥秘，相信你不会再那么恐惧危机。

率先涨价，顺丰凭什么

涨价，对于任何一家企业都是慎之又慎的大事。特别是在竞争激烈的环境中，往往谁先涨价谁先死。在顺丰和EMS以及“四通一达”这些民营快递公司明争暗斗时，一直隐藏着“涨价找死，不涨价等死”的危险。

就是在这样的尴尬局面下，顺丰率先破局，不但提高了单价，还赢得了更大的市场份额。顺丰凭什么？

这还得从《中华人民共和国邮政法》（以下简称《邮政法》）的颁布说起，背景是“四通一达”瓜分了低端电商快递市场，而顺丰则在中高端市场默默耕耘。

2009年10月1日，《邮政法》颁布，其中至关重要的一点，规定快递企业必须为每个快递员购买保险等福利。快递行业从业人数众多，购买保险无疑是一笔巨大的支出。快递行业面临一次大洗牌，不少中小企业将被迫倒闭。

对专注于中高端市场的顺丰来说，这并不是个大问题，但对“四通一达”就不同了。由于与淘宝电商合作，“四通一达”的接单量巨大，收派员数量众多，全员购买保险，对企业来说无疑是个沉重的负担。不买保险吧，违法，而且快递员也会强烈反对。

《邮政法》颁布实施之后，顺丰和“四通一达”的处境截然相反：“四通一达”的经济负担越来越重，利润不断缩水，员工福利跟不上，快递员的服务质量每况愈下。顺丰则保持着较高的利润，员工福利待遇不断提高，提供的服务自然也更加优质。

其实，早在《邮政法》颁布之前，快递企业就感受到了成本上升的压力：随着物价的上涨，快递行业的人力、燃油、土地等成本也在大幅度增加。在这种情况下，似乎提高价格是顺理成章的事情，但各大快递公司却谁也不敢率先尝试。原因很简单，以“四通一达”为代表的快递企业，服务对象都是电商，服务质量也几乎相同，谁先涨价，谁就等于卖给竞争对手一个破绽。顺丰定位于中高端客户，始终提供优质的服务，在涨价上自然有一定的话语权。“四通一达”则只能硬着头皮苦苦支撑，直到冬天来临。

2008 年到 2009 年的那个冬天，南方地区出现了大范围的暴风雪天气，快递企业的运送速度大打折扣。加上年底大部分快递员返乡过年，很多快递企业人手严重不足。受这些因素的影响，即便是顺丰也有点“扛”不住了。在这种情况下，王卫不得不宣布在北京等局部地区小范围提高快递价格。

如果是其他快递企业，这种情况下涨价，必然会对业务造成消极影响，但顺丰所服务的中高端客户，显然并不特别在意价格问题。在他们看来，只要顺丰能保证快速、优质的服务，合理提价是可以理解的。

同样的问题自然也降临到“四通一达”头上。由于一直以来的经济压力，除了汇通外，剩下的“三通一达”决定提高价格，统治电商领域的四家快递公司终于放下架子，联合起来商讨怎样度过难关。很快，一个涨价联盟成立了，利用在电商领域的垄断地位，“三通一达”同时进行了 5%~20% 的提价。

和顺丰不同，“三通一达”的涨价遭到了客户的强烈抵制。甚至有客户自发地在网上劝大家放弃这四家快递，另选别的快递公司。这无疑给了王卫一个绝佳的机会，他利用顺丰高品质服务的口碑，硬生生从“三通一达”口中夺走了大量的客户。面对如此的窘境，仅仅一周时间，“涨价联盟”就感受到巨大的压力，中通和韵达率先决定恢复原来的价格。至此，“三通一达”联手抬价的联盟不复存在。

就这样，率先涨价的顺丰没有先死，反而将后来跟风的快递公司打个落花流水。此外，涨价策略也是造成这种差异的一个技术原因。

“三通一达”利用自己在电商领域的垄断地位组成涨价联盟，殊不知“联盟”的形式过于咄咄逼人，有点“我们联合起来，你们想跑也跑不掉”的意思，会招致客户的强烈反感。面对联合涨价，客户就真的没有别的选择了吗？选择多的是，比如顺丰。

在涨价策略上，顺丰采取的是不结盟形式，并没有强迫用户的意思。说白了，谁要是觉得价格高了，与服务水平不相称，可以选择性价比更高的。这在众多用户当中留下了较好的印象，有利于顺丰后期的逆袭。

一般而言，降价容易涨价难，调高价格往往会遭到客户的反对。但事实我们也看到了，只要企业的基础打得好，涨价策略合理，操作手法得当，及时与客户做好沟通，率先涨价也能赢得商机。

真正的高手过招，不仅要“敌不动，我不动”，还要做到“手中无剑，心中有剑”。谁先长剑出鞘，谁便能见血封喉！

挑战国营大佬 EMS

作为体制的产物，EMS 的优势不言自明。但在市场鞭子的驱动下，EMS 也不得不打起反击战。随着顺丰对 EMS 的挑战不断升级，中国最大的民营快递公司顺丰与国营快递公司 EMS 之间掀起了一场近身肉搏战。

其实，如果说 EMS 是快递行业的武林盟主，那么以顺丰为代表的民营快递企业巨头则是后起之秀。直到 20 世纪 90 年代，以顺丰为代表的民营快递企业才开始如雨后春笋般出现。即便是顺丰，和 EMS 相比，也不是一个重量级的选手。但随着快递行业的不断发展，民营快递企业逐渐呈现出蓬勃发展之势，给 EMS 以致命的冲击。

在讲述与 EMS 之间的近身肉搏之前，有必要先了解一下这个根正苗红的“武林盟主”。

EMS 的全称是中国邮政速递物流股份有限公司，是中国邮政集团于2010年联合各省邮政公司共同发起设立的国有股份制公司，也是中国邮政集团直属全资公司。EMS 特快专递业务从 1980 年就开办了，是中国规模最大，经营时间最长，覆盖范围最广，业务种类最丰富的快递物流综合服务提供商。

EMS在中国31个省区市都设有全资子公司，业务遍及31个省区市的所有市县乡（镇）；EMS的业务范围更是遍及包括香港、澳门、台湾在内的全球200多个国家和地区。EMS公司注册资本80亿元人民币，早在2010年，其资产就已经超过210亿元，营业网点更是多达4.5万个。

凭借自身优势，EMS还打造了邮政货运航空公司和中邮物流有限责任公司等子公司，航空和陆路运输网络在国内首屈一指。其依托中国邮政航空公司，建立了全夜航航空集散网，集散中心是南京，现有专用速递揽收、投递车辆等逾2万台。

通过以上这组数据，我们就可以知道，EMS的覆盖网络体系是最广的，这就为EMS在中国30多个省区市之间实现次晨抵达、次日递送等服务提供了坚实的基础，也为EMS高效的邮件处理中心提供了有力的支撑。在全国范围内，EMS共有200多个处理中心，其中北京和广州的处理中心面积均超过3万平方米。除此之外，EMS各处理中心都配备了先进的自动分拣设备。2008年，EMS还建成了亚洲地区规模最大、技术装备最先进的中国邮政航空速递物流集散中心。

EMS领先的信息处理能力也值得一提，其以国内业务范围内的300多个城市为核心，建立了信息处理平台，还与万国邮政联盟（UPU）查询系统链接，实现了EMS邮件的全球跟踪查询。

作为历史悠久的国企，EMS的优势显而易见。

第一，国有控股，是中国国内投递范围最广的快递公司，拥有强大的网络覆盖系统，在全国范围内自营网店多达2000多个，几乎国内所有的地区都能到达。

第二，EMS 以强大的国家交通系统为依托，限时速递非常快，并且能实现实时跟踪。

、 第三，EMS 的安全性较高，货物丢失率维持在低于 1% 的水平。

当然，EMS 也有缺点，那就是费用偏高，整体服务素质也一度饱受诟病。虽近年来服务水平有所改善，也仍然有待提高。尽管如此，EMS 快递行业的霸主地位仍然不容侵犯，无论是海关还是航空部门，其业务都享有优先处理权。如果说 EMS 是根正苗红的武林盟主，那么顺丰则只能是师出无名的后辈小门派了。

前面说过，1993 年 3 月，顺丰速运在广东顺德成立。虽然成立时间占尽先机，却因为地利、人和等因素，和 EMS 相比，仍处于竞争劣势地位。成立初期，顺丰的业务主要为顺德与香港之间的即日速递业务。之后随着客户量和客户需求的蓬勃发展，才将服务网络延伸到广东省以外的城市。

随着时间的推移，发展到 2006 年初期，顺丰的服务网络已覆盖国内包括香港地区在内的 20 多个省区市，101 个地级市。发展至 2010 年时，顺丰的销售额已达 130 亿元，市场份额位居全国第二，仅次于 EMS; 到了 2012 年，顺丰的销售额已突破了 200 亿，市场份额不断扩大。至些，顺丰已成为中国速递行业中的佼佼者，并不断发力挑战 EMS 的权威地位。

那么，默默无闻的后起小门派是如何撼动 EMS“武林盟主”的地位呢?这与王卫带领下的顺丰快速、准确、安全、经济、优质的专业快递服务密不可分，与王卫一系列英明的决策密不可分。

1. 从合作、代理等加盟制转型为直营制

之前已有叙述，顺丰刚成立时，为节约成本，加快发展速度，顺德之外的快递网点大多采用合作和代理的方式。随着松散加盟体制弊端不断出现，王卫下决心摒弃加盟制，强势收权。2002 年时，顺丰正式从加盟制转为直营制，并将总部设在深圳——顺丰成为中国除国有 EMS 之外唯一一家采取

直营模式的快递企业。

这一举措对顺丰挑战 EMS 的地位具有重要意义。完成直营改革之后，顺丰实现了真正的“独立自主”，掌握了企业全部的经营权和决策权，这样就可以从全局对整个顺丰网络和顺丰系统进行资源调配，实力大为增加，这对挑战 EMS 也十分重要。

2. 在快捷的时效服务方面媲美 EMS

在与多家航空公司建立合作关系之后，顺丰又拥有了自有专机。截至 2013 年 11 月，顺丰已经有自有全货机 13 架，还租赁了 19 架全货机，拥有 400 余条航线。经过不断的发展，顺丰已经拥有 21 万员工和 1 万多台自有营运车辆，150 余个一二级中转场，5000 多个营业网点，搭建起全方位空地一体网络，保障客户的快件在各个环节都有最快的发货速度。而 EMS 目前仅有的 18 架全货机，也基本上是融资性租赁或经营性租赁获得的。

强大航空资源和地面运输网络建设，彰显了顺丰挑战 EMS 的雄心。据顺丰内部人员预测，到 2021 年，整个快递行业的飞机将超过 300 架，顺丰届时将占据其中的 196 架，货运量超过 600 万吨。当然，如果这一预测成为现实的话，顺丰很有可能占据中国航空快递三分之二的市场份额，超越 EMS，成为超级霸王，也并非不可能。

3. 提高设备和系统的科技含量，做到速度最快

针对 EMS 运送速度快的特点，顺丰也有意识地提高了自己的运送速度。比如，为了更好地满足客户的需求，让顺丰的运送速度加快，顺丰引进了自动分拣系统。前面说过，这是国际大型快递公司才愿意引进的系统。

不论是自动化分拣系统，还是顺丰员工手里拿着的 HHT 终端设备等高科技设备，顺丰从不吝惜投资基础设施建设，不断提高设备和系统的科技含量，以期拥有最快的速度，在速度方面占有优势。

4. 打造最优的服务

顺丰的使命是“成就客户，推动经济，发展民族速递业”。为完成自己的使命，顺丰积极探索客户的需求，不断提升员工的业务技能和服务意识。转型为自营模式之后，顺丰成为由总部统一管理的企业，这样做就有利于各地区服务水准统一，顺丰也成为消费者公认的服务好、态度好的快递企业。在这一点上，EMS应自叹不如。

凭借最全的网络、最快的速度和最优的服务，顺丰成功打造出自己的核心竞争力，并以中国最大的民营快递公司的角色，频频挑战EMS快递老大的地位。事实上，如今中国的民营快递企业当中，也只有顺丰能够与“武林盟主”EMS一较高下。

有一个小故事，说一条街上有三个裁缝。三人互相竞争，屡放豪言。

第一个裁缝说：“我是这个小镇上最好的裁缝！”

第二个一听，岂能让你占了便宜，因此夸下海口：“我是全中国最好的裁缝！”

第三个裁缝自然也不服气，不过他只平静地说了一句话，就瞬间消灭了另外两个人的嚣张气焰。他说了什么呢？

他讲：“我是这条街上最好的裁缝。”孰优孰劣，高下立判。

从无名小卒到武林盟主，如果你真正具备了过硬的实力，那么与其一个个去挑战对手，不如挑战最强的对手。因为对手的层次决定了你的层次。顺丰此举不仅是战略的需要，也显示出了一个强者的决心和魄力。

当然，面对顺丰的汹汹来势，EMS也在谋划着反击之计，以保住自己龙头老大的地位。不过，顺丰与EMS之间将是一场旷日持久的战争，顺丰能否实现对行业既有格局的颠覆，如今尚未可知。我们知道的是，这必将是一场难解难分的鏖战。

▎跨界打劫，挟“物流”以令诸侯

如今，跨界已经成为企业整合资源、争夺市场的一种新打法。当然，这也是一种比较有效的打法。我们可以看到，做电子商务的阿里巴巴卖起了保险，做起了金融；做社交软件的腾讯做起了通信，玩上了网上商城以及线上支付；卖手机的小米跨界做智能家居；做软件的开始做硬件，做硬件的开始做软件；做实体经济的开始涉足虚拟经济，做虚拟经济的也开始和实体经济结合……一句话，跨界江湖真正是你方唱罢我登场，热闹非凡。

事实上，跨界并非新鲜事物，早在企业诞生之初，就有很多跨界的打法，但尚不成规模。进入21世纪的第二个十年，随着互联网产业的进一步发展，以及大数据时代的到来，人们意识到，那些原本看起来毫不搭界，甚至相距几光年的产业并不神秘，甚至自己伸一伸手、探一探脚，就可以“横插一腿”。整个世界都正在走向一种“大互联”的局面，跨界洗牌，跨界分金，无边界的力量正在无孔不入，一场饕餮盛宴也正在到来。

这个时候，无论是谁，如果不能与时俱进，仍旧单一固守传统产业，那就好比无论你练的是少林拳还是武当拳，是九阴真经还是九阳神功，是练成了金钟罩，还是练成了铁布衫，在坦克和大炮面前，都一样粉身碎骨，短时间内化为乌有。在跨界整合这个大趋势面前，如果你不能跨界进入别人的领域并颠覆别人，那么你就只能等着别人跨界进入你的道场消灭你。

向来以胆识和远见著称的王卫自然不甘居人后。专注于快递领域20年后，他与时俱进，将目光瞄准了零售和线上销售，而后开始了线下和线上两方面的建设。

> 2011年10月，家在深圳的朋友可以看到这样一种现象，原来还是便利店的地方，出现了顺丰黑红色的LOGO，便利店成了顺丰速运的自营便利店。其实，在此之前，顺丰已经开始了和7-11、8字连锁酒店，以及台湾的全家、莱尔富等旗下多家零售店合作，推出更多的寄件、取件服务点，解决了“最后一公里”的问题。

很显然，顺丰并不满足于此。有了这种合作做基础和导向，顺丰很快便在深圳、厦门等地推出了自营便利店。顺用跨界成为世界上首家自主经营便利店的快递企业，并计划在全国范围内成立1000多家这样的便利店。那么，这种零售和快递结盟的方式到底有什么好处呢?

走进顺丰便利店，我们可以看到，整个便利店大致分为两个部分，一个是零售区，一个是快递区。在零售区，主要销售一些日常用品和小零食，同时提供消费10元以上上门送货服务；快递区则主要负责快递业务，在这里，辖区内的包裹会陆续抵达，方便顾客取件，同时也可以到这里寄件。便利店还会提供文件打印、传真扫描等服务。如此一来，顺丰就真正打通了零售和快递两个不相关的行业，让零售更方便。送货上门，也让快递取件、送件更为便捷。

顺丰进军零售业，这种跨界打法在业内引起了轩然大波。但对于王卫和顺丰来说，这只是万里长征的第一步。之后，顺丰又把目光聚集于线上销售平台。

最近几年，国内企业纷纷“触电”。尽管其中一部分企业已经铩羽而归，但这丝毫没有挡住企业家们前仆后继的热情，王卫就是其中之一。

网上购物是当前人们消费的一种主要形式，无论是天猫、京东还是1号店、唯品会，这些电商企业的崛起，都为那些传统企业指明了出路。而提到网购，就不得不说物流，在这方面，顺丰则具有天然的优势。在这种情况下逆流而上，跨界触电已经势在必行。因此，在跨界做了零售之后，2012年5月，顺丰优选上线，正式进军电子商务。

顺丰涉足电子商务，还得从粽子说起。

> 2009年端午节期间，快递业务空前繁忙，顺丰也不例外。但在将包裹送到客户手上之后，顺丰的快递员并没有立刻离开，而是顺手拿出了五芳斋粽子进行推销。
>
> 粽子几乎是端午佳节的必备食品。既然一定要买粽子，那么在价格一致甚至更便宜的情况下，为什么不买送上门的粽子，非要舍近求远去购买呢？并且网购还涉及时间和保鲜问题。
>
> 顺丰的这次尝试大获成功，几天时间就帮五芳斋卖掉100多万只粽子。

正是这次尝试，让顺丰看到了快递跟电子商务结合的可能性和巨大市场空间。此后，逢年过节，顺丰不仅卖粽子，还卖月饼，卖年货。

顺丰优选覆盖母婴食品、生鲜食品、营养保健品、酒水饮料、粮油副食、冲调茶饮、饼干点心、休闲零食、特色时令和美食用品等多个品类，品种超过1万种。主打优质、安全、便捷牌，强调全球美食、产地直采、全程冷链、顺丰直达。通过这一网购商城，顺丰完成了产业链的向上延伸。

王卫曾经说过，“一个快递公司进入跨行业发展领域之后，就意味着上了一个台阶。我认为一个快递企业分为两个阶段，一个是跨行业发展，一个是跨国家发展。如果能做到这两点的话，那就意味着它已经开始进入国际公司的门槛。如果这两方面做不好，走出去会有很大的风险。”

当然，顺丰跨界的确也遭到了很多质疑，并且前路坎坷。但不管怎样，跨行业的经营布局已经初具规模，第二阶段跨国家发展的大幕也已经徐徐拉开。

战死好过做俘虏，用生命捍卫价值观

物流是一个国家经济状况的晴雨表，经济兴则物流旺，经济衰则物流退。2008 年金融风暴来临时，顺丰也面临重大危机。次年，物流更是跌入前所未有的低谷。国际快递巨头趁机举起价格屠刀，不少中小型快递企业倒在血泊之中。

面对这场生与死的战争，王卫显得颇为悲壮。2008 年底，他在顺丰内部发表了一次题为“用生命捍卫价值观”的讲话——

人有梦想，才会有追求；有追求，就会有自己的价值观。企业也一样，有文化作支撑，企业才会持续发展。可能在某些人的眼中，企业经营只要业绩好就可以了，价值观、企业文化就那么回事儿，说来说去就那么几句话，不过是因为别的企业有，我们也要有而已。我不这么认为。

赚钱是为了公司的持续发展，为员工提供更好的发展平台，同时养活一些员工的家庭。当温饱不成问题时，我们要思考：人活着的意义是什么？

顺丰是一家民营企业，我们做事不是为了向谁有个交代，但我们要对得起自己的良心，对自己有个交代。我这一辈子做得最有意义和正确的一件事，就是“让顺丰成为一家有良知、负责任的民营企业”。我们这一批顺丰人，没有依靠政府的资助，没有坑蒙拐骗，而是老老实实，一步一个脚印，通过大家的共同努力走到现在。我的梦想就是：若干年后，顺丰成为民营企业成功的一个案例。

我们是一群坚信诚信价值观的顺丰人，我们不为短期利益出卖自己，我们是能够干成大事的。当我的人生走到终点，这将是我最大的满足。成败不重要，关键是要有一种精神，这种精神是大家都认可的，能把大家凝聚在一起的。

三年后，顺丰是不是能成为中国民族速递业的骄傲，我们能不能打赢这场与国外对手的保卫仗……也许，最后这些都不重要了。因为我们要让大家看到的是：在中国的速递行业中，曾经有这样一批顺丰人，手牵手，心连心，一起努力过；曾经有这样一家叫顺丰的民营企业，能让对手从心底感到可怕和可敬！人可以输，但不能输掉尊严；随时都可以死，但要死得有价值——战死，好过做俘虏。我们的团队需要这种视死如归的军人气质。

我觉得，顺丰的企业文化正是源自这种正直、诚信、有责任感所体现出来的气质——我们要做堂堂正正的中国人！大家要真正认识我们的价值观，这种价值观是真正能支撑我们实现梦想的，从而理解企业在做什么，为什么这样做……并在理解的基础上行动起来。

有个高管曾说：“那是王卫的梦，他在做梦。”我听了这句话，感觉很悲哀——如果我们的企业价值观在总部贯彻都有问题，还奢谈什么贯彻到地区、分部？如果我们管理层的核心价值观都没有统一，传达到地区、基层，价值观会变成怎样？

价值观是整个顺丰的灵魂。没有明确的价值观，你就不能确立奖惩制度的方向。规章制度永远不能覆盖企业发展过程中出现的所有问题，那么，在对待一些规章制度没有的问题时，只能依靠价值观去判断对错。如果大家做任何事情，行为标准都是以价值观来衡量，我相信，你在顺丰绝对是没有问题的。

2007年、2008年我们开始提炼顺丰的企业文化，其实就是在提炼顺丰的价值观，价值观是企业文化的核心。顺丰要想成为最值得依赖和尊敬的中国速运公司，要体现出与其他企业的不同气质，关键在于：我们所有的顺丰人，特别是高层管理人员，有共同的梦想。

顺丰用人的价值观，并不只是看他的业绩好不好，嘴巴甜不甜，我们看中的是你的人品，你的工作态度……失败不要紧，只要你的态度是全力以赴，我陪着你继续闯关。但是，如果你没有尽力，你忽悠我，那不好意思，我不跟你玩儿。

在地区的管理中，有些涉及钱款的案例，在把握如何处罚的尺度上，有些人说："这些钱，数额这么小，有没有必要处以五类责任？经理、高级经理、区总都受连带处罚，是不是小题大做？"有些高管还为道德价值观有问题的人求情——你要搞清楚，这是牵涉到价值观的原则性问题——价值观不是用来讨论的，也不需要量化。

我把维护顺丰的价值观，看得比维护我王卫的面子更重要，因此我不会宽容价值观上有偏差的人。"不是一家人，不进一家门。"在顺丰，和我们的价值观不一致的人，不管是哪个级别，迟早要走人。我在一些事情的处理上，可能有些人认为比较极端。但大家听完我今天的想法，希望你会理解：我为什么对一些事情的追求这么执着，对一些不讲诚信的人的处理那么强势……我并不是要针对谁，因为大家都是我的同事。

大家在网上也看到一些帖子，一部分是收派员因为遭到一些基层管理人员的不公平对待或不诚信在骂公司。骂公司的背后，其实有的是在骂分部经理，因为他看不到经营本部总裁、地区区总，他天天看到的是分部经理。分部经理的言行举止，正是公司价值观的一个缩影。

如果你是区总，你千万要盯着分部经理——他的管制权威，他的一言一行，都是你对他的授权。你代表谁？你代表着公司授权，因为公司认可你。今天，我们要好好再看看这些帖子。看到收派员骂公司，我并不伤心，因为确实我们的一些工作没有做好。

只讲不做不是我的风格。这么多年以来，顺丰没有特意宣讲价值观，我只是想做给大家看——我王卫没有讲一套做一套？我有没有追求名利……我敢接受任何挑战，如果你认为我在哪方面是讲一套做一套，指出来，我会很感激你。如果我个人做不到“阳光”，我没有资格在这里和大家讲“阳光”。如果我没有资格和大家讲“阳光”，这个企业是没有阳光大道的。

钱是永远赚不完的，今天你几十万元年薪，你会有相应的欲望；明年你一百多万元年薪，你会有更多的欲望……对我而言，只有精神上的富有，才是真正的富有。要我牺牲顺丰的价值观，你开价 40 亿美金我都不会动心。因为顺丰的价值观对我而言，已经凌驾于名利，甚至生命之上。

找准企业最核心的价值观，并将它从口头落到实处，让企业中的每一个人，不管是管理者还是普通员工，都了解它，接受它，并愿意为之奋斗，顺丰完成了这一过程。这给我们中国企业管理者的启示就是：我们要想让价值观发挥它应有的价值和意义，就不能让其停留在口头上，而是要将其具化在行动上，甚至制定相应的考核监督机制，以保证价值观的落实。

因为王卫本身是一个有格局、有追求的人，所以企业走上轨道之后，就确定了最基本的企业价值体系。

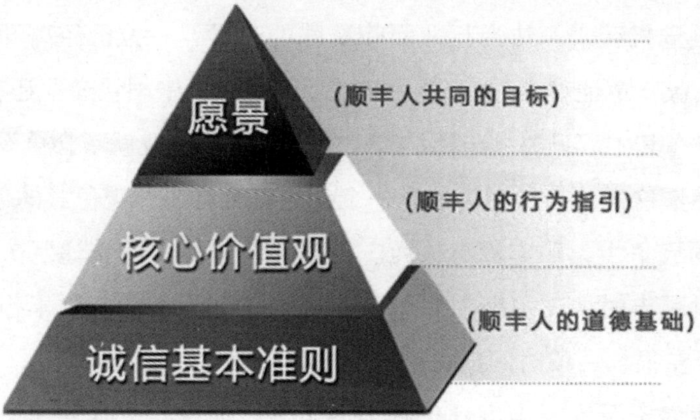

顺丰人的价值体系

1. 顺丰的公司愿景：成为最值得信赖和尊敬的速运公司

（1）致力于为员工提供一份满意和值得自豪的工作。

（2）致力于快速、安全、准确地传递客户的信任。

（3）致力于成为速运行业持续领先的公司。

（4）致力于承担更多的社会责任。

2. 顺丰的核心价值观：尊重、团结、认真、奉献

（1）尊重他人，才能获得他人的尊重和信赖。

（2）团结才能获得他人的支持和帮助。

（3）认真才能把事情做好，才有突出的业绩。

（4）奉献才有回报，才有更多的认可和发展机会。

3. 诚信基本准则

（1）不作假，不欺瞒。

（2）不损害客户利益。

（3）不损害公司利益。

（4）不以权谋私。

在金融危机袭来，快递行业面临洗牌的时候，一位已经离开快递行业的资深人士曾笃定地说，“几乎所有人都认为，只要中国快递业还有幸存者，顺丰一定身在其中。只要顺丰还活着，中国民营快递业就不会全军覆没。”

王卫并不这样认为，因为他是一个谦逊甚至有些悲观色彩的创业者。

在这场战争中，顺丰没有战死。当联邦快递等国际快递巨头再次提出收购或入股顺丰时，王卫断然拒绝，并明确对外界表示，顺丰拒绝融资。这也是王卫在很长一段时间内誓死捍卫的价值观。

一位业内资深人士高度评价顺丰的勇气。他说，“唯一一个坚持从来不卖身，对任何收购企图一向严辞拒绝的，只有顺丰。”同时他也指出，如果王卫肯将顺丰卖掉，那么快递行业过去的并购案可能都不会发生，因为国际快递巨头都明白，整个国内市场最具有收购价值的快递企业就是顺丰了。

也恰恰因为这样，王卫才会显得悲壮。别的企业做不下去，可以被收购，但顺丰不行。他只能“用生命捍卫价值观”，顺丰要么生，要么死，没有第三条路。

清代著名文学家蒲松龄书斋外贴有一副对联：“有志者，事竟成，破釜沉舟，百二秦关终属楚；苦心人，天不负，卧薪尝胆，三千越甲可吞吴。”这句话用在王卫身上正合适。对于普通人，不奢求大富大贵，按部就班地一日三餐，满足衣食住行就可以，但对王卫来说，他要让顺丰成为一家有良知、负责任的民营企业，并宁愿“战死”——顺丰的价值观对他而言，已经凌驾于名利，甚至生命之上！

I “国际狼”挥舞巨棒，王卫见招拆招

2001 年 12 月 11 日，中国正式加入 WTO，自此，“狼来了”的担心基本变成现实。在中国的入世承诺中，尽管很多行业有一定的保护期，但物流业并未在保护之列，因此快递行业不可避免地遭遇第一轮国际巨头的冲击。

早在 20 世纪 80 年代，各大国际快递巨头就十分看好中国广阔的市场与发展前景。包括 DHL、UPS、联邦快递、TNT 在内的国际快递企业，或与中国企业合资，或建立代理关系。它们凭借庞大的国际网络和高质量的服务，使其国内的合作伙伴受益匪浅。

到了 20 世纪 90 年代中，伴随民营快递企业的异军突起，各大国际快递企业加快了开拓中国市场的步伐。据统计，四大国际快递企业曾一度占有中国大陆 80% 的国际快递服务市场份额。

不过，国际快递并没有对顺丰等民营快递企业造成实质性的损害，由于政策的管制，“国际狼”仅允许从事国际航线上的进出境快递业务，无法进入国内市场。他们只能一边磨尖爪牙，一边伺机

而动。

有大成就的人，永远是那些有前瞻性的人。王卫开阔的视野，让他看到国际快递巨头可能给民营快递企业带来灭顶之灾。于是王卫开始有意识地为将来顺丰与这些巨头的正面交锋做准备。

王卫的预测是对的，2012 年，联邦快递和 UPS 正式获得经营国内快递业务的资格。这是继 2009 年 10 月 1 日《中华人民共和国邮政法》实施以后，外资快递企业第一次“政策解冻”，国内快递企业大呼“狼来了”——凭借自己的能力，如何与这些有上百年历史的国际快递巨头抗衡？

国际快递巨头的业务范围，并非是简单的门到门、户到户的货件运送，他们不仅提供快递服务，还提供包括库存、运输、货代及售后服务等多项物流业务，这让王卫看到了自己的不足。随着联邦快递在中国实施全方位的经营战略，DHL 也启动多元化发展计划，王卫开始思考顺丰怎么办。他知道躲不过群狼的撕咬，只能修炼自己的武功。

当时，国家给民营企业的发展提供了不少政策方面的优惠，王卫抓住机会，开始在全国范围内大规模扩建快递网络，铺设营业网点。与此同时，王卫对顺丰内部进行了改革，从设备、操作标准到服务规范，都尽量向国际水平靠拢，内外兼修，提高与国际快递巨头抗衡的实力。

“国际狼”的惯用招数是，先用低价将行业对手彻底清理出局，然后坐地涨价，分享大餐。这一招几乎屡试不爽，这次亦不例外。他们高举价格战的大棒，一副“有钱就任性”的土豪模样。据说当时四大国际快递巨头的快递价格普遍偏低，低于 EMS10%~15%。

在低价的大棒之下，国内快递业一时间血雨腥风。底子薄的民营快递企业，几棒子下去，轻则奄奄一息，重则倒地毙命。除了国际快递巨头的压制，国内快递企业之间为了生存也在拼命相互搏杀，可谓屋漏又逢连阴雨。机遇和挑战总是并存的，面对错综复杂的竞争形势，顺丰没有乱了阵脚，而是通过推出“平价产品”来见招拆招。

2012年8月1日，顺丰正式推出其平价产品“四日件”。所谓“四日件”，就是寄送物品一般在4个工作日左右到达，时效上与顺丰航空产品有1至2天的差距。尽管快递变成了“慢递”，但价格却十分诱人：首重即可优惠4元，续重部分最高优惠更达到5折。在快递市场，并非所有客户都追求快速到达。有些时效性不那么强的物品，客户更愿意选择价格便宜的“慢递”。

以5公斤物品由天津寄至广州为例，标准快递的配送价格为78元，若选择“四日件”寄送，价格则为46元，相差32元。显然，不少人愿意为这32元多等待一两天。

自推出“四日件”后，顺丰的营业额“刷刷”地上升。“国际狼”的低价巨棒看似雷霆万钧，顺丰却用“四日件”轻松化解。你便宜，我有更便宜的。更重要的是，我的低价不仅没有降低利润，反而增加了利润。

顺丰的“四日件”不同于打价格战，而是为客户提供更实惠的价格，更多的快递物品种类，和更有保障的服务。也就说，顺丰不仅牢牢抓住了已有的中高端快递市场，又开拓了一个新的利润增长点。

在这场僵局中，国际快递企业不仅采取低价竞争，并且长期维持低价水平，这当然是源于其雄厚的竞争实力和正确的市场发展战略。中国民营快递企业相对来说资金规模较小，技术和管理水平也不高，定价战略更是缺乏灵活性，所以面临巨大的竞争压力。但在这场竞争中，顺丰推出的“四日件”服务却赢得了不少客户，使更多的人有机会享受顺丰专业化的服务。

业内人士评论说，“顺丰此次扩充产品线，推出多层次的产品品类，‘迎战’心思毕现”。显然，顺丰打赢了这场“防御战”。

随着全球一体化的不断深化和发展，国内各个行业的竞争将更为激烈，更多的“狼”会涌进国门。在如何应对上，顺丰提供了一个值得学习的样板。

心存忧患意识，痛斥各种问题与顽疾

孟子云：生于忧患，死于安乐。打败人的，多数时候并不是忧患，而是过分安乐。

企业亦如此。从 1996 年开始，诺基亚手机业务连续 15 年获得全球市场份额第一，公司利润屡创新高。2003 年，诺基亚经典机型 1100 在全球累计销售 2 亿台，至今仍是手机厂商们艳羡的神话。

但是，天堂与地狱似乎只有一步之遥。诺基亚因无法适应智能手机时代而不断衰退，最终放弃了手机业务，于 2013 年 9 月将手机业务和专利卖给了微软。为什么全球手机行业曾经的王者，会陷入严重的经营困境，诺基亚到底发生了什么？

过分相信自己，对市场的变化不以为然或者浑然不知，是诺基亚败局的重要原因之一。不能居安思危，就不能防患于未然；没有强烈的危机感，就容易死于安乐和安逸。

与之形成鲜明对比的是顺丰。

从金融危机海啸中劫后余生的顺丰，似乎是快递行业唯一一家因祸得福的企业。然而王卫却不敢有丝毫满足与懈怠。在 2012 年 9 月 16 日的顺丰内部大会上，王卫突然发飙，痛斥顺丰存在的各种问题和顽疾。

今年以来，公司经营出现了比较严重的问题，集中表现在两个方面。

一是收入增长放缓。2012 年 6 月份，收件同比增长 24.2%，比去年同期（42.85%）低 19 个百分点；收入同比增长 32.21%，低于去年同期（39.29%）7 个百分点。与此同时，整个行业却仍保持高速增长。2012 年上半年，行业收件同比增长 51%，收入同比增长 39.7%。我们的增速（收件 29.9%、收入 35.4%）明显低于行业水平。

收入增长放缓，且低于行业增速，意味着顺丰的市场占有率下降（大陆地区收入市场占有率从 2011 年 6 月的 28.19%，下降到 2012 年 6 月的 26.7%），经营形势十分严峻。

二是盈利能力下降。2010 年 4 月起，公司的成本增速开始高于收入增速，成本线与收入线之间的差距越拉越大。直到 2012 年 6 月，成本线依然处于收入线的上方。成本费用增幅高于收入增幅，意味着我们在提升资源效能，促进各项成本费用投入合理性方面没有采取有效措施，盈利能力受到极大挑战。

为什么会出现以上问题？我们应当如何应对？我要谈几点看法。

1. 意识保守僵化，缺乏活力

（1）“靠天吃饭”的惯性思维在继续。

过去几年公司业务一路高速增长，各级管理者习惯了把主要精力放在内部，闭门苦练内功，漠视市场变化和客户需求，对于很多同事来说已经习以为常，总认为内部管好了，就不愁业务。随着外部形势变化，这些惯性思维明显不合时宜，正在阻碍公司的发展。

（2）不求有功，但求无过。

创新很难吗？我们的管理者水平不够，无法创新吗？都不是。

归根到底，是我们自己害怕创新，怕犯错误，怕承担责任。久而久之，这种不求有功、但求无过的想法成了主流，创新变成了纯粹口号。

（3）内部工作氛围每况愈下。

管理层缺乏使命感，“多一事不如少一事”，不愿开口说话，导致消极的工作状态逐级向下传导。跨部门沟通不畅，相互推诿，这一情形仍在蔓延。内部工作氛围每况愈下，给企业带来巨大内耗。

这些意识层面的问题使我们面对困难时雪上加霜，怎么办？首先希望大家清醒地意识到：当前的经营形势不容乐观，我们正在丧失应有的市场份额。管理层必须树立以市场为导向、以客户为中心的经营观，解开思想枷锁，从“总部让我做我才做”，转变到“总部没有禁止的，我都可以做，总部要帮我做”；鼓励在“不违反法律、不偏离战略”经营底线内大胆创新。

2. 没有建立以市场为导向、以客户为中心的工作体系

（1）不了解市场。

今年以来出现了大面积无法完成收入预算的情况，历次分析都归过于经济形势不好；那为什么行业增速又很好呢？究竟是经济形势不好，用快递的人少了；还是我们的服务跟不上，用顺丰的人少了？

（2）漠视客户的需求。

请问管理层有几个知道自己最重要的客户是谁？有没有跟这些客户保持面对面的交流，了解他们对顺丰的服务需求？有没有检视几年来顺丰的服务是否具有实质性的提升？有没有试图通过努力成为客户唯一的快递服务商？

（3）竞争对手研究浮于表面。

我们向来只把国际快递巨头或“四通一达”视为竞争对手，简

单地进行动态信息摘录，对经营决策几乎起不到辅助作用。事实是，在不同的市场分层中，我们面对不同的竞争对手。

以重点大客户开发为例，我们发现国内大型企业的物流和快递供应商，往往是一些小公司、货代公司，他们在客户处拿到了“总包”业务量，再把部分甚至大部分业务“转包”给顺丰。这些公司的服务其实是在向客户提供“解决方案”，靠大脑吃饭。顺丰则不幸沦为搬运工，靠体力吃饭。

我们在目标客户、目标市场上的竞争对手究竟是哪些公司，他们的报价、运作、服务、管理是怎么样的，客户为什么选择他们而不是我们，这些问题都需要去深入了解和分析。

我认为解决问题的方向如下。

①建立广泛了解客户需求，及时满足客户需求的工作机制。十几万员工就是顺丰的眼睛和耳朵，要倾听顾客的声音。管理层则要倾听员工的声音，使好的想法变成新的服务，更好的服务。

②要以提供“一揽子解决方案”为目标，为大客户提供一站式服务，改变客户结构，丰富产品服务类型，让大客户的收入贡献成为收入结构的主体，而不是把需求还给客户，交给竞争对手。

参观新加坡横河电机的经历，让我们很多同事感到震撼，也获得很多启发：从完全定制化的需求出发拉动生产是可行的；在标准化的平台上，是可以实现定制化服务的；为客户提供定制化服务，并不是对员工素质提出了超高的要求，而是要在系统集成、流程设计、企业文化上下功夫。

③要以为客户实现价值这一标准来检验我们的质量管理。不能再像过去那样，把质量管理简单地等同于失误率指标，要从客户需求出发，以提升管理质量为手段实现质量的提升。

3. “顺丰能力”未能创新转化为“顺丰机会”

（1）强大的营运能力未能转化为市场份额。

公司的营运优势（如时效管控处于行业领先，庞大营运资源衍生的终端配送优势等）没有整合、提炼成解决方案，去满足客户的需求。以时效为例，某大型B2B客户同时选择联邦快递和顺丰速运为物流供应商，主要考虑“顺丰没有时效承诺而联邦有”。但在使用过程中，客户却发现其实顺丰的时效比联邦更快。这种例子还有很多。一方面，我们自上而下推动非常费力，不知道服务卖给谁；另一方面，大量客户为需求苦恼，不知道“顺丰有”或“顺丰可以有”。

（2）没有基于品牌优势创新服务模式。

顺丰经过多年积累，在客户中建立起可信赖的品牌形象，我们的品牌是有竞争力的。以“特色经济”代购为例，客户在选择这种服务的时候，顺丰不单是可以信赖的运输途径，更是为客户选购并对产品品质提供保证的可信赖品牌。由此不难想象，品牌价值在快速消费品市场为我们带来的巨大潜力。

（3）没有通过服务创新建立与客户“血肉相连”的关系。

现阶段国内客户对服务创新的需求并非高不可攀。我们如果能在现有能力基础上做小幅度的改进和延伸，就可以率先令客户满意，提升客户黏度，与客户“血肉相连”。

例如，我们对电子商务的服务模式，可以通过研究市场上的“落地配”服务，整合自身的营运操作、仓储服务、系统对接等能力，打造一个具有强大竞争力的开放服务平台。

要打破这种被动局面，我们需要从以下方面着手。

①战略澄清。澄清谁是我们的客户，谁是我们的竞争对手，我们擅长做什么；哪些是我们可以把握的市场机会，哪些市场份额是应该获取和能够获取的；怎样获取这些机会和份额。这些战略层面

的问题在公司内部认知模糊，直接导致创新过程中的畏手畏脚。

②决策程序。目前的产品设计工作方法亟需改变。产品设计应符合或引领客户的需求，必须经过严谨的商业逻辑论证。每一个产品的策划，至少要先回答三个问题：目标客户是谁（以确定市场容量和销售对象），竞争对手是谁（以检视竞争优势，制定营销策略），自己的能力如何（以设计营运模式并确定盈亏平衡点）。

③组织分工。职能、经营职责分工调整，使我们增加接触客户的机会，具备更专注面对市场、服务客户的能力；建立需求管理机制，为经营中的创新需求提供便捷通道。请大家进一步理解和善用这两点。

4. 利润来自于规模效应、资源效能、流程效率、技术工具

顺丰管理层普遍存在一个错误的观念，认为"利润是节省出来的"。一强调利润率，大部分经营者马上就想到，甚至只会想到控制成本、控制投入。这是非常错误的利润观。只考虑眼前利益，以牺牲投入来换取好看的利润率，就丧失了可持续发展的动力。

我们需要认识到：公司的每一个职能部门，每一个经营单位，都是利润的责任部门，区别只在于大家对利润负责的方式不同。

经营单位要具备正确的利润观念：在经营决策中，要考虑投入与产出的关系，通过深入研究区域市场特征，掌握客户需求，通过引领创新发展等方式，不断提升投入的有效性，从而创造利润。

职能部门应当具备正确的利润观念：不能靠地区"省钱"来优化成本，而要靠职能本部在更高的层面、更大的范围来统筹考虑如何提升资源效能；每一个职能部门对各自负责的资源投入标准负责，兼顾质量与成本的关系，通过精简优化流程，投放工具设备，升级技术系统等方式，不断提升资源效能，从而创造利润。

5. 改革组织绩效管理机制，建立绩效激励与问责机制

（1）解决激励不够的问题。

明年我们会彻底改革目前这种拿年薪、“吃大锅饭”、比国有企业还国有企业的薪酬机制。把工资与效益奖金分开，工资与岗位价值、服务年限等挂钩，效益奖金与收入目标、核定利润率挂钩。

（2）解决压力不足的问题。

我们明年将提升收入目标的合理性，不再放任各业务区根据历史数据对增长率简单递减来做预算，而是在同比的基础上，根据各区的市场总量、市场占有率、公司发展战略来确定经营目标，做定期回顾和评价。在同类地区间经营结果表现最差的地区，总部会问责区总并要求限期整改，仍不能改善的会淘汰。

今天我们面临严峻的经营形势，有“危”更有“机”，重重压力只会令顺丰迸发更大的能量。

“今日的选择造就明日的顺丰”，与各位同仁共勉。

之所以全文引用王卫的讲话，是因为通过这篇讲话，可以近距离地触摸到他的经营管理思想。任何成功都不是偶然的，顺丰的成功，与掌舵人王卫时刻存在的危机意识有关。

比尔·盖茨有一句名言，“我们离破产永远只有90天”。这句话其实一点也不夸张。

企业身处前所未有的局势中，延误90天的战机，足以让一家企业从康庄大道跌入死亡深渊。

伊索寓言里有这样一则故事。

一头野猪对着树干磨它的獠牙。

一只狐狸见了，问它：现在没看到猎人，为什么不躺下来休息享乐。

野猪回答说：等到猎人和猎狗出现时，再来磨牙就来不及了。

可见动物界亦有危机意识。

对企业来说，危机意识不失为强身健体的良药。有了危机意识，就能激励员工奋发图强，防微杜渐，想方设法防患于未然，拒危机于千里之外。即使哪一天危机不可避免地发生了，由于准备充分，也能挽狂澜于既倒，将损失降低到最低程度，甚至在危机中抓住发展的机会。

勇敢逆袭，迈开国际化脚步

当“国际狼”蜂拥而入时，勇敢的战士会背水一战，而勇敢兼睿智的战士会走出国门，去更广阔的市场打拼。身为民营快递业的巨头，在国内市场人满为患的情况下，顺丰将目光投向了更大的国际市场。

开拓国际市场，虎口夺食，是王卫经过仔细考量后做出的决策。

首先，在国内市场牢牢站稳脚根的顺丰，很难被其他快递公司撼动。

其次，国内市场的空间虽然很大，但混乱的行业竞争一时间很难调整过来。同行大幅度压低价格的竞争手段，导致以高价高质服务为主的顺丰，只能获得很少的利润。这种情况下，顺丰只能通过开辟新的市场来寻找利润增长点，庞大的国际快递市场，无疑是顺丰最好的发展出路。

再者，王卫一直都把顺丰定位为肩负正面与海外巨头抗衡的国内精英快递公司，进军国际快递市场，是顺丰成长为国际化、全球化企业的必经之路。顺丰斥巨资打造航空运输机队，以及在港澳台之间收发快递的经验，也为进军国际市场提供了很大的便利。

王卫很早就开始制定进军海外快递市场的计划，但因为条件不成熟，一直拖延到 2010 年才付诸行动。

韩国是王卫走出国门的首选之地。出于谨慎，顺丰 2010 年 1 月首先开通了单程发往韩国的快递业务。伴随着业务的增加，顺丰又开通了双程快递。次年，顺丰的营业点覆盖韩国全境。

有了开拓韩国市场的经验，王卫逐渐加快了进攻的节奏。新加坡、马来西亚、日本、美国、泰国、越南、澳大利亚……随着国际化脚步不断加快，顺丰的旗帜已经插遍上述各国。

顺丰的国际化战略，在战术层面上有其精心的考量。国际快递一直由“国际狼”与“国企虎”EMS 共同垄断。国际快递巨头虽然有高质量的服务，但价格也相当昂贵。想省钱的客户，主要选择 EMS，但 EMS 的速度又过于缓慢。

在“虎狼”之间，顺丰找到了一个空隙：价格比国际巨头低廉，速度比 EMS 快捷。这等于将国际快递的蛋糕做了一个新的划分，在高中低端三个市场中，顺丰选择了中端。

国际快递巨头可不是那么好惹的，他们很快就意识到被顺丰钻了空子，于是纷纷降低价格，封堵顺丰的海外拓展之路。但顺丰也在不断强化自己的弱项。

在硬件方面，和国际快递巨头相比，顺丰差距很明显。发展国际快递业务，前提和基础就是飞机货运，顺丰目前属于自己的飞机一共为 16 架，而联邦快递拥有超过 650 架自有飞机。顺丰这些年一直不停地购买飞机，还积极与海外航空公司开展合作，通过租借飞机和整包机舱这种“借鸡下蛋”的办法，扩展自己的国际空运能力。

在品牌上，顺丰的国际知名度与认可度并不高。通过海关时，往往需要经过非常复杂的通关程序。四大快递巨头能够享受优先通关特权，甚至免检直接通过。比如 DHL 利用与德国的良好关系，将一些在北欧通关时间比较长的货物运回德国，让官方帮助通关。为了补足这些短板，顺丰招收了大量的海关通关相关专业的毕业生，大力培养海外通关专业人员。

顺丰的物流系统也需要进一步改善。顺丰的分配运转仍然还是以大量手工劳动为主。与联邦快递对比，就可以发现其中的优劣：当联邦快递拥有10万名员工的时候，其日均快递量超过3900万个包裹；顺丰拥有15万员工的时候，每天只能处理200多万份包裹。在国内顺丰虽然效率算是比较高的，但放在国际舞台上对比，就显得很低效。

差距虽然不小，但只要努力追赶就行。在2014年3月举行的中国发展高层论坛2014年会上，李克强总理曾向境外参会代表联邦快递董事会主席、总裁及首席执行官施韦德介绍了雄心勃勃的顺丰。“我曾经问中国顺丰快递公司的负责人，你们的目标是做中国的Fedex(联邦快递)吗？他跟我说，不，我们要超过Fedex，做世界级的快递公司！”

李克强总理提醒施韦德，要“做好与中国同行竞争的心理准备”。2014年9月，李克强总理主持召开国务院常务会议，决定全面开放国内包裹快递市场。

引进来，走出去。一场犬牙交错的缠斗已经展开。相信在顺丰人的努力下，他们能笑到最后。

第七章

试水 O2O
布局下一个十年

与其说这是一种潮流，不如说是一种必然。未来要么电子商务，要么无商可务。面对快递行业的发展大势，向来不缺少远见卓识的王卫，又将如何布局顺丰的下一个十年呢？

传统企业要想在这场跨世纪的互联网狂欢中笑到最后，必须尽快转化固有的老大思维，建立起移动互联网时代的核心竞争力，从消费者层面追溯源头，找到企业最佳的发展路径。

死去的是“化肥”，活下来的才是英雄，顺丰能否继续称雄，让我们拭目以待。

❙ O2O 破冰，打造顺丰优选

2012 年是中国的 O2O 元年，无论是成熟的传统企业，如火如荼的电子商务企业，还是以电信、银行、娱乐等为代表的民生相关企业，都在探索和实践 O2O 模式。

O2O 孕育着极富创新性的商业模式，可以说，O2O 代表了移动互联网时代中国企业的前进方向。就像一阵春风，忽然间大街小巷仿佛都在传唱着一种声音：用互联网思维改造传统企业，打造 O2O 的完整闭环。

移动互联网时代，O2O 营销模式兴起，为不少企业带来了发展机会。在这样的环境下，作为一位有远见的经营管理者，王卫也义无反顾地投入了移动互联网的新战场，开始了自己的 O2O 转型之路。

O2O 营销模式，又称离线商务模式，是指线上营销、线上购买带动线下经营和线下消费。当消费者因实体商城的价格而蹙眉，因线上消费的虚拟而不安时，O2O 模式脱颖而出，成为连接线上与线下的一个桥梁。

O2O 通过打折、提供信息、服务预订等方式，把线下商店的消息推送给互联网用户，从而将他们转换为自己的线下客户。O2O 特别适合必须到店消费的商品和服务，比如餐饮、健身、电影、演出、美容美发、摄影等。

那么，作为快递行业的龙头，顺丰的O2O之路该从何处开启？

王卫的选择是从高端食品行业打开突破口，打造电商网站“顺丰优选”，主营高端食品及其他物品的配送服务。

顺丰优选主页

顺丰优选是顺丰推出的以全球优质、安全美食为主的网购商城，试图通过发力生鲜食品这个冷门阵地，在电商混战中杀出一条血路。顺丰优选的定位是中高端市场，于2012年5月31日正式上线，致力于为用户提供优质、安全美食及分享美食文化的首选平台，其主要特色就是生鲜和进口食品。当今时代，食品电商无疑是电商巨头们趋之若鹜的选择，竞争激烈程度不言而喻。虽然顺丰优选有顺丰这样雄厚的背景，但未来的路并不好走。

随着网购的普及以及消费者网购能力的提升，许多消费者为了节省实地选购生鲜食品的时间，希望能够直接上网购买生鲜食品。有需求就有市场，顺丰优选应运而生。为了找到最精准的客户群，王卫选择与国内第一家美食互动社区豆果网进行全方位合作。

> 豆果网作为发现、分享、交流美食经验的网络平台，吸引了大量的用户注册。其中绝大多数是美食爱好者，对食材品质的要求较

平常人更高，这正好符合顺丰优选经营“高端食材”的理念。豆果网用户可以通过顺丰优选直接购买食材。对于顺丰优选来说，豆果网的用户不仅需求明晰，而且大多用户对价格的敏感度也很低。

顺丰优选与豆果网合作，获得的不仅仅是用户群体，同时，它还利用豆果网超过 6 万种食材的数据库，丰富了顺丰优选的生鲜食品种类，扩大了顺丰优选的经营范围，能够更好地满足用户的需求，为用户带去更美妙的购物体验。

从 2012 年 5 月 31 日至 2014 年下半年，顺丰优选频出重拳，进行了一系列战略布局。通过表 7-1，能够很清晰地看出顺丰向 O2O 转型的思路，各项事项环环相扣，一脉相承。

表 7-1 顺丰 O2O 战略节点

时间	重大事件	战略价值
2012 年 5 月 31 日	顺丰优选正式上线，北京区域全品类配送	低调试水
2013 年 2 月 26 日	开通上海、广州、深圳常温商品配送	试水半年后扩张
2013 年 3 月 26 日	开通天津、南京、苏州、武汉、杭州常温商品配送	快速布局常温配送
2013 年 5 月 26 日	开通天津生鲜商品配送	一年后布局生鲜
2013 年 9 月 9 日	启用华东仓、华南仓，开通 28 个常温商品配送城市、9 个生鲜商品配送城市	全国布网启动

续 表

时间	重大事件	战略价值
2013 年 10 月 10 日	开通 20 个常温商品配送城市，覆盖除港澳台外中国所有省份	常温大网布局
2013 年 11 月 5 日	开通 17 个常温商品配送城市，覆盖江苏省、浙江省、广东省全境	继续扩张物流
2013 年 12 月 1 日	常温商品配送覆盖全国	常温全网布局完毕
2013 年 12 月 18 日	开通地方特色馆，全面打造农产品电商直供平台	整合基地，打造直供平台
2014 年 3 月 26 日	入驻京东，启动多平台战略	多平台战略
2014 年 5 月 18 日	顺丰嘿客便利店启动，为顺丰优选 O2O 战略布局开辟新领地	借便利店全线布局社区末端
2014 年下半年	退出开放平台，启动新冷库，在三四线城市加强拓展	开放平台，布局全网冷链

通过上表，可以看出顺丰三年内的 O2O 布局之路。

第一步，以物流为通路，渗透电商。

第二步，先试水常温高端食品，再布局低温生鲜。

第三步，物流先布局一线城市，再渗透二三四线城市。

第四步，先布局 B2C（由企业直接为终端消费者提供商品），再布局产地直采的 C2B 模式（终端消费者直接选定商品，由企业决定是否接受消费者需求）。

第五步，平台建设先布局 B2C，再启动多平台战略，然后依托顺丰嘿客便利店试水 O2O，最后启动开放平台。

作为全国最先启动全网布局的生鲜电商平台，在不到三年的时间里，顺丰优选不断升级商业模式。同时，从顺丰的战略节点图中，也能够反映出王卫的做事风格：稳扎稳打，环环相扣，步步为营。

1. 以传统的 B2C 模式切入

顺丰优选刚起步时，王卫先布局了独立的 B2C 平台。不仅仅电商是独立的，就连物流也是独立的，没纳入顺丰快递的体系。

顺丰优选起步就定位于中高端市场，覆盖了 9 大品类的食品。启动的前半年，配送覆盖区域仅限北京市。在团队和供应链体系经历了半年的历练后，顺丰优选于 2013 年开始向全国渗透。

值得注意的是，自顺丰优选成立之初，就已经开始在冷链领域的布局。

2. 产地直采模式

产地直采模式是顺丰优选 2013 年启动的全新生鲜电商供应链模式。以荔枝产地直采模式来说，实现的是从枝头到舌头的闭环供应链模式。顾客下单后，完全按照顾客的需求采摘，在 24 小时内，顺丰优选通过顺丰航空，将货品送达消费者手中。

这是国内其他任何生鲜电商无法实现的，并且货品实现“全程冷链”（非冷藏），对产品实现有效的保障，同时避免冷藏影响新鲜度。

依托全网布局，顺丰速运各地的员工，可帮助顺丰优选深入原产地进行选品，完全实现零库存售卖。

除了打造“快时尚”的生鲜供应链服务体系外，顺丰优选是最早推动 O2O 营销的生鲜电商。在 2013 年、2014 年的荔枝大战中，顺丰优选提前空运荔枝到北京，在人口密集的地铁口赠送。

不仅仅是荔枝，嘉兴的粽子、内蒙的羊肉等各种地方特色商品，同样通过这样的快速供应链模式送到消费者手中。吃货玩的就是口碑，顺丰线上、线下协同的营销方式，不仅让消费者大为赞赏，同时也让同行刮目相看。

3. 特色农产品馆模式

特色农产品馆模式，是顺丰优选在2013年12月启动的新模式，它将顺丰优选、顺丰速运、地方政府进行“三位一体”的整合，属于一种全新的地方特产电商化运营模式。

地方特色馆由地方政府为产品进行品牌背书，政府负责推荐当地安全优质的食品供应商并提供政策支持，采用产地直供模式，取消中间环节。

顺丰速运的地方工作人员帮助进行商品甄选和供应商审核，并通过顺丰的快速物流进行商品配送，顺丰优选提供商品销售和推广平台。

2014年4月，顺丰速运又启动了农村战略，全面布局农村乡镇快递市场。对特色农产品馆来说，这一战略彻底打通了前端的供应链接口。

4. 宅配卡定制模式

顺丰优选联合北菜园、草鲜禾堂、维真、汇源四大有机蔬菜基地，向北京、天津两地用户推出有机蔬菜宅配卡，长期并定期将有机蔬菜配送到户。用户可以根据家庭人口数量选择不同的蔬菜包装。有机蔬菜宅配为每周1至2次，商品种类可在一定范围内任意搭配。对于菜品和配送时间，用户可以随时致电客服进行调整。

这是顺丰优选为高端用户提供定制化服务的首次试水，未来还将在更多城市推广宅配业务，并推出以“顺丰优选”命名的宅配卡。

生鲜农产品是一个足够大的蓝海市场，顺丰优选如果能通过以上四种经营模式顺利做下去，其发展前景难以估量。同时，这些发展战略也将成为关乎顺丰帝国未来十年发展的重要命脉。

根据市场反馈来看，顺丰优选的这些战略已初见成效。

> 2014 年 11 月 11 日当天，顺丰优选销售额超过 7200 万元，订单量超过 19 万单。顺丰优选的整场活动从 11 月 6 号开始，截至 11 月 11 日，销售额超过 2.8 亿元，与 10 月同期相比，增长超过 1700%；订单量共计超过 67 万单，与 10 月同期相比，增长超过 1500%。此外，生鲜食品表现最为抢眼：肉类水产销量突破 130 万件，水果蔬菜销量突破 100 万件。
>
> 在热门单品方面，泰国香米销量突破 700 吨，进口蜂蜜销量突破 10 万瓶，零食饼干销量突破 62 万件，奶粉销量突破 5 吨，橄榄油销量突破 23 万瓶，花生油销量突破 15 万桶，新西兰奇异果销量突破 18 万粒。

看这些食材清单，从泰国香米到新西兰奇异果，全世界的优质食材全部都出现在了顺丰优选的菜单里，这是一个多么吸引人的神奇网站？在生鲜电商这张网上，顺丰优选以 B2C 模式切入，依托顺丰快速的物流通路，打造出中国生鲜电商独特的供应链，可以算是“快时尚”生鲜电商供应链的典型模式。

2014 年，顺丰优选又开始大力尝试跨界营销，比如与雕爷牛腩餐厅、海底捞、荔枝 FM（手机轻电台应用，可以在手机上开设自己的电台，录制节目）等合作，成功实现了多渠道用户体验。从营销角度看，顺丰优选已经实现了全渠道多层次营销格局。

现在的顺丰再也不仅是物流帝国，顺丰优选也不会将视角局限于生鲜电商。伴随着平台的发展，顺丰会将“顺丰速运 + 顺丰优选 + 嘿客便利店 + 移动互联技术 + 金融服务”等全面整合，特别是顺丰的冷链布局和农村物流布局。

总之，顺丰的发展战略和整合措施蕴含着重大的战略意图，但这不过是接下来将要揭开的顺丰 O2O 战略布局的冰山一角。

攻克冷链难关，一路领“鲜”

随着互联网的不断发展，O2O已逐渐成为中国公认的电商未来形态之一。传统的互联网巨头，争相在这一领域扬帆起航：腾讯投资高朋网布局团购，微信二维码是O2O的典型应用；阿里手机淘宝推出同城平台，高调投资高德地图2.94亿美元……

与此同时，传统企业也纷纷“触电”：苏宁电商更名“苏宁云商”，以“连锁店+电商平台”的模式叫板京东；品胜上线惠源提，首创“双向O2O”模式。

大家都在O2O之路上探索。王卫虽是一个典型的70后，却也不甘在这股潮流中示弱。早在O2O刚在国内兴起的时候，他已经开始布局顺丰的O2O模式，跨界冷链是其中不可或缺的一环。

2014年9月25日，顺丰集团正式推出新品牌“顺丰冷运”，剑指生鲜食品配送市场。“顺丰冷运”是在整合顺丰现有物流、电商、门店等资源的基础上，为生鲜食品行业客户提供冷运仓储、冷运干线、冷运宅配、生鲜食品销售、供应链金融等一站式解决方案。其针对的客户包括食品企业、生鲜食材市场、餐饮企业、生鲜电商等。通过顺丰冷运服务，岭南的荔枝可以在一天内直达北京消费者的手中。

顺丰冷运主打生鲜配送

以生鲜为例，顺丰冷运模式对入库的生鲜包裹外加温控措施，借助温控箱、冰袋、保温袋等温控设备，实现全程冷链，同时“生鲜速配”快件全程开设绿色通道。对于产地直供的产品，由于不用入库，直接使用顺丰航空运输，速度更快；由于从原产地就加入温控设备，因此商品更加保鲜；虽然配送范围更广，但可用速度降低运输损耗，实现全国配送。

目前生鲜电商市场打得火热，除了顺丰冷运，包括天猫、京东等在内的大型综合电商平台，也纷纷参与到生鲜电商这一大市场。对于电商而言，冷运板块究竟意义何在？顺丰想依托它做些什么？

在顺丰的 O2O 版图上，冷运一直以来都是极其重要的战略业务。中国的综合冷链流通率仅为 19% 左右，而美日等发达国家的综合冷链流通率已超过 90%。与此同时，中国的冷链物流企业小而分散，成本居高不下，服务参差不齐，这让王卫嗅到了机会。王卫希望在三到五年之内品牌、质量都做到全国第一，这是他为顺丰冷运定下的目标。

考虑到生鲜类食品的保存与运输等问题，在产品加工、贮藏、运输、分销和零售，直到送达消费者手中的整个过程中，每一个环节都要始终处于产品所需的低温环境下，以保证食品质量安全，减少损耗。这样一来，所需要的成本就大大增加了。冷运企业不仅要自己置办冷柜和冷藏车，还要克服因频繁开关门出现的车内温度波动难题。

一般情况下，冷运比常温运输总体成本提高三到五倍，属于专业性较强、国家标准比较严格、投入比较大的行业。也正是因为不好做，才使目前中国的冷链集中度非常低。中国第一大冷链企业，一年也只能做到十几个亿的销售额。按以往的操作案例，物流公司进攻冷链环节，大多以巨亏告退，或是重新整合后草草收场。

由此可以看出，并不是谁想做冷链物流就可以做的。要做好冷链，需要付出的努力更多。顺丰选择做冷链时，就受到了很多人的质疑，但顺丰还是坚持做了下来。经过一段时间的运营，顺丰的冷链配送已经初具规模，可是其营业额相比投入成本，可以说是九牛一毛。对于这种现象，王卫则表现得非常淡定。

在市场仍以价格竞争为中心的初级阶段，烧钱不可避免，这就必然导致一大批有志于做冷链物流的企业因为资金链断裂而退出市场。在王卫眼中，这恰恰是顺丰冷运崛起的有利因素。

通常来说，一个6000平方米的冷库，需要2000万元人民币的资金投入。由于成本高昂，不少物流企业建了多个仓库后，没有能力继续搭建落地配套服务，无疑影响了运输的服务质量。早在2012年5月31日，顺丰优选上线之初，顺丰速运便已开始在冷链物流领域布局。

凭借在物流领域的网络基础和运营经验，顺丰于2013年12月正式成立食品供应链事业部，随后逐渐推出仓干配销一体化的行业解决方案。2014年9月，集冷运存储和中转功能于一身的顺丰上海和厦门冷库也正式启动，城际化的一段式全程冷运服务已经展开。到2014年底，顺丰建成并启用包括北京、广州、深圳、武汉、成都等地总计10座B2C冷库，成为中国拥有B2C冷库最多的企业。

总体来看，食品电商O2O转型的核心竞争力不外乎食材、物流以及线下门店。这些道理说起来很容易，但真正做到却是一件难事。通过顺丰优选，顺丰从全世界范围内为消费者提供最优质的食材。虽然顺丰优选与顺丰冷运已经拆分为两家公司，但相互配合仍为顺丰优选提供了生鲜物流的保障。接下来王卫需要考虑的事情，便是如何打通O2O的最后一公里，将生鲜食品放进消费者的菜篮子里。

“顺丰便利店”，开始进入王卫的日程安排。

以退为进，打通 O2O 最后一公里

很多时候，即使是纵横天下的武林高手也很难做到独步天下，因此适时退出，保存实力有时是最佳的选择。三星集团创始人李秉喆曾说，“退阵的勇气与上阵的勇气一样重要”。

精明如王卫，也并非一次都没有输过。但当某个项目失败已成定局的时候，退阵永远比死扛更英明，也更需要勇气。

2011 年，顺丰曾与世界最大的便利店集团 7-11 结成战略联盟，作为战略结盟的成果，北京通州顺丰自营便利店横空出世。同时，也有不少人在深圳、东莞、厦门等地发现 7-11 便利店门外挂出了顺丰速递“授权代办点”的标志。

就拿通州顺丰自营便利店来说，其运营不到两个月的时间，不少客户就沮丧地发现，顺丰便利店不再销售日用品，仅提供快递上门自取等与快递业务相关的服务。之前顺丰喊出“购物满 10 元便可享受送货上门服务”的口号，但没过多久，这家快递巨头开的便利店就撤销了零售业务，继续专注于深耕快递领域。于是，这些悄悄出现在北京社区的顺丰便利店又悄无声息地转变成了普通的快递网点。

事后，王卫并没有针对此事做出正面的回应，但承认了这样一个事实：顺丰确实关闭了北京通州店的零售业务，但快递业务仍然正常进行。不过，通州自营便利店的失败只是个例，当时深圳、东莞、厦门等地并没有爆出顺丰关闭便利店的消息。

业内人士评论说，顺丰通州区自营便利店失败，很大程度上是由于选址不当。顺丰便利店所在的街道有近 10 家便利店或超市，竞争异常激烈，再加上顺丰自营便利店面积很小，价格相较超市并不优惠，顾客的光顾率自然较低。即使有顾客光顾，也大多是为寄快件或者取快件，很难对便利店的生意起到带动作用。

面对通州自营便利店的失利，王卫果断地选择了退阵，将零售业务退出自营便利店。凭心而论，快递企业新的渠道模式，还需要逐步培养消费者的习惯，同时对于合作的零售企业也有较高的要求。不过，这次退阵也让王卫清醒地意识到，将快递和零售进行捆绑的方法并不是所有地区都适用。王卫对于零售业有了更深入的了解。

此次壮士断腕，也让王卫有了更多的思考空间——将自营便利店与顺丰的 O2O 大战略结合，实现 O2O 落地。也正因如此，才有了王卫大手笔的行动：2014 年 5 月 18 日，顺丰旗下 518 家网购服务社区店——嘿客在全国统一开业。

顺丰嘿客便利店布局划分为两个部分：一个是必备的快递区，另一个就是零售区。顺丰显然并没有放弃自己在“e 商圈”的“老本行”。

在零售区域中，顾客可以很轻松地在货架上发现洗发水、沐浴

顺丰嘿客便利店外景

顾客在顺丰嘿客便利店内查询商品

乳等日常用品，小零食和食品等小件商品。快递区域，能看到身着顺丰制服的收派员快速处理订单，接收辖区内的包裹快件。顾客可以很方便地在嘿客寄送快件，因为在店内的收银台旁边，就有专门用来称重包裹的电子秤，电子秤的边上便是一摞包裹快件的收订单据。

顾客在嘿客消费后，都会收到顺丰精心制作的名片，这些名片后面都印有嘿客提供的业务：打印、扫描文件、修订文档，等等。为了促销商品，嘿客还提供“购满 10 元免费送货（包含快递）上门”业务。

此外，王卫还在嘿客开展了购买“顺丰卡”的会员业务，只需要花费 300 元，就可以获得一张内含 300 元的“顺丰卡”，凭借此卡可以在店内刷卡购买商品或寄取快递业务，而且卡内金额消费后可以获得相应的积分，还可以享受会员优惠价格。

通过一张会员卡，王卫打破了“零售”与“快递”两个不相关业务之间的隔阂，将顾客的商品消费和快递寄送有机地融合在一起。

人们常常看到一幅有趣的画面，身穿顺丰制服的快递小伙，前一刻正在整理各类快件，等待客户来取件，下一刻却出现在社区便利店的收银台前，忙着给顾客收钱。

顺丰嘿客已经不仅仅是简单的便利店，而是搭上了最新鲜火热“O2O”概念的小店，愈加引人注目。尽管顺丰嘿客的开局也并不顺利，但在不少业内人士看来，顺丰很可能打造出完整的、直达社区末端的快速供应链体系，从而打通 O2O 模式的最后一公里。

对于企业来说，当外部环境和竞争条件发生变化时，以退为进不失为一种更好的应对方式。

农村物流，谋划 O2O 新格局

随着网络的普及，越来越多的农民也开始热衷网购。他们平日或是出门打工，或是在田间劳作，回家后照顾家人，很少有时间逛街。网络的普及给他们带来了便利，使他们能够抽空在家里坐着“逛商场”，享受网络带来的现代购物便利。

2014 年，中国中西部地区以及三四线城市网购需求迅猛增长，电商零售增速在国内三四线以下地区达到 60%，远高于传统网购消费主力一二线城市 40% 的增速。与农村网购红火的形势相比，现实中却有很多事情无法落实到位，比如一些农村物流和配送服务不到位，网购的商品很难及时送达销售者手中。

顺丰优选的生鲜食品，有一大部分来自全国农村的田间地头。如果无法及时将采摘下的新鲜食品送到消费者手中，顺丰优选便会失去消费者的口碑，甚至对顺丰的整体品牌产生负面影响。这也意味着，王卫要想实现顺丰的全国性 O2O 战略布局，便无法绕过广大农村市场，而物流在其中起着至关重要的作用。

为了顺丰 O2O 的全国布局，王卫决定带领整个顺丰走“城市转战农村”

的路线。自 2014 年 4 月起，占领一线城市多年的顺丰，进入一个与其传统形象背道而驰的新领域——农村市场。没错，王卫决定开始在农村中开辟新的战场了。

2014 年 4 月，顺丰相关负责人对外宣称，顺丰内部设立了专项扶持基金，鼓励顺丰内部员工到华中、华西、华北的三四线以下乡镇地区开设代理站点，并已进入代理商资质审核以及员工培训阶段。这标志着一直以“直营”“商务”为显著标签的顺丰速运，也将以代理模式大面积拓展乡镇市场。

截至 2013 年底，顺丰已在全国覆盖了 1900 多个县级市或县区。加上 2014 年新增的 399 个县区，其覆盖的县级市或县区已超过 2300 个，相当于已经覆盖我国 80% 以上的县级区域。此时乡镇快件业务已经占到顺丰整体快件量的 10% 左右，并且该环节的服务质量比顺丰全网的平均水平还要高出不少。

从全国范围来看，顺丰的“农村战略”无疑与嘿客便利店相辅相成，互为犄角。王卫不仅用铺天盖地的嘿客便利店在经济较发达地区抢占电商 O2O 线下入口，同时也通过代理模式，推进经济欠发达的三四线城市以及乡镇地区和农村的 O2O 融合。

一个必须直面的事实是，虽然三四线城市的物流市场整体蛋糕存量巨大，但受限于交通硬件设施、公司规模、人力成本等，中国两千多个县级城市已经将这一蛋糕分割成了一个个小的板块，每个板块的物流蛋糕其实并不大。

同时，EMS 以及“四通一达”相比顺丰更早布局农村市场，并且已经具有一定的覆盖率。昔日以直营、项目物流为主的宅急送，也已全面开放地县级加盟。前有狼后有虎，市场竞争压力不断升级。顺丰若想后发制人，就必须在服务上下大功夫，并在资费方面做出一定的让步。

另外，用直营模式进军农村市场，成本和价格会完全倒挂，在农村布局越广，越容易亏损。开放加盟和代理以后，既能解决网络覆盖面临的深度和广度问题，又能非常有效地节约成本。但开放加盟或代理，同样会遇到一些问题，比如各网点服务标准不一，不方便管理等。

针对以上难题，王卫可谓煞费苦心。为了保证顺丰的品牌和口碑，王卫声称，即使是农村市场，无论是在服务还是价格方面，网点将会保证“顺丰标准”，代理网点只能专营顺丰业务。

为了保证“血统”纯正，维护顺丰的品牌形象，此次开放代理，顺丰更偏向于“内部消化”，这绝非传统意义上的加盟模式，而是一种创新合作。顺丰首先鼓励自己的员工通过代理模式创业，在资金等环节提供支持。在顺丰看来，内部员工比较熟悉物流业务及顺丰体制，能够保证顺丰的服务质量。

除了在资质审核时保持慎重的态度，顺丰还要保障代理网点的操作规范，软硬件都将统一到顺丰的管理体系，对收派件情况进行实时追踪。同时，对于高价值、月结等服务，将由顺丰直接提供。此外，顺丰还对农村网点的业务密度、交通状况、地理环境、消费水平、当地市场等客观条件进行了评估，确保网点布局的合理性和科学性。

不可否认，在移动互联网领域，顺丰缺乏先天基因。作为一家出类拔萃的传统企业，顺丰在各方面都具有典型的传统性：悠久的发展历程，庞大而众多的线下实体店，数以万计的团队规模，军事化管理的企业制度，以及严格的执行力等，这些均与互联网公司偏好的“思辨大于执行力”“小而美”等思维南辕北辙。

这样一家优秀的传统企业要想向移动互联网领域转型，绝非易事。但作为电子商务下游产业的快递物流，顺丰又恰恰具备了向上游扩展的得天独厚的优势，布局农村物流，无疑是王卫在顺丰转型大局中的点睛之笔。

在创建了线上选购平台顺丰优选和线下体验平台嘿客便利店的同时，王卫利用跨界冷链和农村物流，成功打通了 O2O 的最后一公里。传统速运巨头顺丰离实现完整的 O2O 闭环仅有一步之遥，那就是通过互联网金融平台，实现随时随地的线上支付与金融服务。

谋定而后动，是成大事者的共同基因，王卫自然不会遗忘互联网金融这一全新战场。

进军移动互联网，搭建 O2O 天地线

从 2012 年至今，中国企业面临着扑面而来的机会与问题。企业家有史蒂夫·乔布斯、马克·扎克伯格那样的成功机会，可以在一片荒原上建立起商业帝国。移动互联网是一个如此广阔的市场，足以支撑企业家的种种雄心。

作为一位时刻保持警惕性的卓越企业家，王卫带着焦虑与雄心，义无反顾地投入到移动互联网的新战场，开始了自己的 O2O 转型之路。

C2C 模式日渐式微，B2C 市场逐渐饱和，O2O 模式悄然兴起。百团大战过后，吹响的是 O2O 大战的号角。当消费者因实体商城的价格而蹙眉，因线上消费的虚拟而不安，O2O 模式脱颖而出，成为连接线上与线下的一个桥梁。O2O 的目标是填平线上线下之间的沟壑，上演一场双城记。不只是线上到线下 (online to offline)，线下到线上 (offline to online) 也是 O2O。不只是服务要线下，产品也要在线下建立体验店，顺丰建立嘿客便利店便是先例。

如果将顺丰物流视作线下网格，嘿客便利店就是中转服务站。王卫要想彻底打通顺丰的 O2O 网络，将线上线下融会贯通，仅靠一个顺丰优选是

远远不够的。这是顺丰向移动互联转型的重要一役，一旦打通，将完成大数据的获取和整合，形成完整的 O2O 闭环。

2013 年 10 月 22 日，顺丰以其一贯的低调作风，悄然上线了 P2P 电商平台，起名“顺丰分享”，旨在打造一个二手闲置物品交易平台。在其首页醒目位置，顺丰将此平台明确定位为“闲置物品交流互助的公益平台，而不仅仅是一个二手物品买卖平台”。

从展示页面来看，顺丰分享支持的分享类目包括玩具、数码、服装、美妆护肤、鞋帽、食品保健、箱包、图书音像、家电家居、母婴用品等，产品种类繁多，用户均有不同程度的参与。

顺丰分享引入了信用机制，若用户恶意分享或者恶意申请，都会遭到举报。一经举报，永久封号。同时，顺丰分享还引入了分享豆的概念，用户在应用里分享，参与的越多，得到的分享豆就越多。分享豆可以兑换相应的顺丰服务，比如快递免单，打折等服务。

对于用户选择的物品寄递方式，顺丰完全不加干涉。在这个过程中，顺丰扮演的角色依然是“搬运工”。收件人可以选择让顺丰送货上门，也可以选择在附近的顺丰自提点自行取货。顺丰收取的运费，可由两端的用户商定哪一方支付。

此外，为了应对各种突发灾害，顺丰分享还支持公益捐赠，推出了在线募捐功能。

作为王卫打通顺丰 O2O 闭环的重要平台，顺丰分享最大的与众不同之处，是建立在闲置物品交流互助之上的社交功能，该功能在分享者与申请者之间搭建起一座可以实现点对点连接与互动的桥梁。

顺丰进军移动互联网的声音一直不绝于耳。从速递业务、顺丰优选、顺丰嘿客、顺银金融，再到顺丰分享，这一系列动作说明，顺丰在整合自身资源的同时，正在向移动互联领域扩张。顺丰分享的出现，无疑是王卫为打通 O2O 闭环发出的冲锋号。

通过顺丰分享这一平台，王卫从二手货交易和信息分享的社交角度切入，有效地实现了线上线下用户行为的对接。顺丰分享背后隐藏的雄心不可小觑。

根据王卫所说的“打造物流领域的百货公司”的愿景，顺丰分享项目的布局，将实现“顺丰速运 + 顺丰优选 + 顺丰移动端 + 互联网金融 + 社区 O2O 服务平台（顺丰嘿客）+ 农村物流”全线整合，顺丰分享背后的平台、物流和金融资源也将逐渐向社会开放。这种多元化的经营策略，能够让顺丰在零售、电商、社区之间自如穿梭，不再限于快递服务本身。

对于一个传统行业的明星企业来说，任何举动都会成为媒体人关注的焦点。作为顺丰 O2O 行动的一次尝试，外界对顺丰分享的质疑与唱衰从来就没有间断过。有业界人士评论，此举是场前途不明的赌博，“分享平台提供的二手交换，并不算是国人的正常需求。可以预计的是，未来很长一段时间内，分享平台对顺丰核心业务的促进作用不明显。”另外，中国目前还没有专门针对闲置物品交易的法律条款，如何保障交易双方的权益，以及监管交易的合法性，对顺丰来说都是绕不开的问题。

从目前来看，闲置物品二手交易给顺丰带来的快递单量，对于庞大的顺丰帝国来说犹如杯水车薪，但围绕闲置物品建立起来的社交需求，才是未来顺丰抢占的制高点，这也正是王卫的用心所在。

在移动互联网大潮之下，用户为王的时代已经到来。社交平台带来的用户资源，能产生高度的品牌黏合度，同时也暗含巨大的消费潜力。王卫和他的顺丰分享或许还有很长的路要走，但好在今天的一代已经不再是成王败寇的功利主义者了，对他们来说，探索的过程便是最大的回报。

收购“落地配”，一盘大棋初具雏型

创立至今，顺丰一直在走自己的路，二十年磨一剑，终成今日行业巨擘。一直以来，在资本市场上，很少能够听到有关顺丰的收购话题，这一切在 2014 年突然发生了改变。为了增强顺丰在 O2O 领域的竞争力，王卫一而再、再而三地玩起资本运作的魔法，收购了一系列“落地配”企业，收购行为让人眼花缭乱，目不暇接。

2014 年 6 月，顺丰以增资方式，低调收购了《北京青年报》下属落地配企业——小红帽物流，成为其第一大股东，为多家电商提供北京最后一公里落地配服务。

紧接着，顺丰以 3500 万元占股 40% 的方式，在 2014 年 7 月拿下了第二家落地配企业——深圳银捷速递，掌控了深圳落地配业务。

一个月后，也就是 2014 年 8 月，顺丰再次出手，收购了四川星程宅配物流有限责任公司。从 2014 年 9 月起，顺丰在西南地区的部分终端业务，由星程宅配承担。

这一切只是开始。顺丰方面明确表示，星程宅配不会是顺丰收购的最后一家落地配公司。

从快递到电商，再到如今大规模收购落地配公司，王卫究竟在谋划什么？这一切都需要从落地配说起。

落地配是物流的一种方式，由落地分拨、同城和地县转运、入宅服务三大要素组成，主要是以开箱验货、半收半退、夜间送货、试穿试用、送二选一、代收货款、退货换货等核心的入宅服务为竞争亮点。落地配不是简单的送货，更融入了销售的功能，等于是把商店的柜台放到了客人的家门口。落地配的这种服务是其他快递和物流企业无法实现的，也是B2C电商赖以生存的基础。

2012年起，O2O和C2B的模式全面兴起，传统的B2C物流业务则陆续下滑。凡客诚品等以零售平台为主的垂直电商进入“寒冬”，维棉网、热客等垂直电商甚至走上了末路。另一方面，唯品会、京东等综合性电商又纷纷自建物流网络，逐步减少了与落地配企业的合作。此时收购落地配企业，无疑是最佳的时机。

那么，是什么让王卫在2014年这个时间节点，动起了收购落地配企业的脑筋？归根结底，还是为了顺丰的O2O全国大棋局。

1. 与嘿客便利店对接

在顺丰整合落地配后，势必会为嘿客便利店提供从低端大众类商品到高端小众商品的整条供应链服务。其中高价值的应季商品，能通过顺丰物流这张网，直接从基地或工厂覆盖到社区。低价值的大众类商品，则能从品类上丰富嘿客便利店，依托各地落地配企业，实现仓配一体化的物流服务，让顺丰O2O版图中的最后一公里更加顺畅地运行。

2. 完善顺丰冷链物流

2013年，阿里巴巴的菜鸟物流陆续整合冷链物流平台，成功推动了所谓“二段式”冷链物流配送（干线冷链 + 区域落地配冷链物流）。为了与马云一较高下，王卫通过陆续整合落地配企业，将冷链物流网的布局进一步完善，这也是王卫让顺丰冷链进入社区宅配的重要战略之一。

同时，顺丰还将抢先于京东和阿里巴巴，控制住末端冷链这张网。一旦成功，将直接掐住阿里菜鸟、京东物流的软肋。

3. 提供大数据价值

大数据时代，消费数据对于企业的意义不言而喻。多年从事 B2C 配送服务的落地配企业，积累了十分丰富且重要的 C 端用户信息。通过这些信息，可以分析出社区人群的消费习惯和癖好，这对于顺丰优选、顺丰嘿客未来以大数据驱动精准营销来说，拥有不可想象的商业价值。遗憾的是，现有的大部分落地配企业压根儿不重视数据的价值，这也让精明的王卫捡了个大便宜。

从以上三个方面，不难看出王卫整合并购落地配企业背后的 O2O 雄心。一旦顺丰将各大城市优质的落地配企业收编，结合自身已趋成熟的 O2O 网络，势必打造出一个全方位综合型的物流百货公司。通过“顺丰物流 + 线上平台 + 线下便利店 + 互联网金融”，链接起顺丰各大基地和全国广大的消费者市场，从而完成顺丰从传统物流企业到 O2O 领军企业的华丽转身。

第八章

求新求变
移动互联网中掘金

5 年前，我们或许还没听说过互联网营销，如今却要熟知粉丝黏性、大数据和马云的“从云打到端”。有时，我们还要留出一只耳朵听雷军的“台风口的猪”……

当前，中国的商业世界既兴奋又杂乱，不断有新的技术手段问世，不断有新的营销方式出炉。移动互联网的强势出现，让顺丰进入一个更新更复杂的商业棋局。

不管你是否准备就绪，移动互联网都以超乎想象的速度向我们生活的纵深处蔓延。一台智能手机，几乎可以解决我们生活中的所有问题。技术拆除了地理藩篱，网络颠覆了传统规则。以王卫为代表的中国企业家们都必须睁大眼睛，竖起耳朵，随时准备阻止他人劫营，同时又随时准备向他人劫营。

搭建跨境电商的“经济适用房”

相对于“80后”互联网原住民的阵阵亢奋，传统快递行业感受到的则是无休止的焦虑。传统的坐标和参照系已经瓦解，不同的观察角度和客户体验，导致企业对未来发展趋势作出不同判读。犹如盲人摸象一般，快递行业的企业家们，都自以为凭借火眼金睛看到了未来，都在兴奋地传递各种全新观念。几个月后，却发现仍然在同一漩涡里兜圈子。彼此强化处在所谓前沿的感觉，远远地看着新大陆，却没有一支安全稳妥的舰队。

一念天堂，一念地狱，这就是转型带来的阵痛。没有人知道前行的路在何方，也没有人知道这一步迈出后，给企业带来的究竟是霹雳雷霆还是别样景致。

顺丰同样面临着转型的困扰。从旁观者的角度而言，王卫是一个不拘一格、勇于自我颠覆的企业家。他的每一次决策，都给客户带来了全新的消费体验，正如他在跨境电商方面的屡次尝试。

> 2013年9月，顺丰在涉足航空、便利店、供应链管理和无人机之后，低调上线了专业的海淘转寄服务平台“海购丰运”，试水

“跨境寄递 + 海淘”业务。截至 2014 年 11 月，海购丰运只针对美国市场开通转运集货业务。但王卫多次向媒体表示，海购丰运未来肯定会扩张至其他国家。

消费者在海购丰运注册后，能够免费获取海外地址以及专有储物箱号，可使用该地址和箱号在 eBay、Groupon、亚马逊等国外网站购物。顺丰美国站的工作人员负责在当地验货签收，货物入仓后将自动触发电邮通知消费者。

此外，海购丰运还支持网上自助选择合箱、全程包裹拍照等增值服务，为消费者提供跨境运送和清关服务，并且负责国内配送。

在支付方面，海购丰运暂时只支持 VISA、万事达、美国运通信用卡，支付宝、PayPal 等在线付款方式正在筹划中。对于部分不接受信用卡支付的海外网站，海购丰运则推出了代购业务，以方便用户购买多样化的海外商品。

一般来说，对于海淘平台，消费者最关心的往往是时效问题，而海购丰运在这一点上极具竞争力。加上通关时间，客户在海购丰运下单之后，一般能在 2~3 周收到物品，圣诞节等国外购物高峰时会存在相应延迟。

在价格方面，海购丰运也存在明显优势。与四大国际快递巨头相比，顺丰的运费可打 2~5 折，还可享受为期 30 天的免费仓储服务。

有数据表明，中国在 2013 年的进出口贸易额接近 25 万亿元人民币，其中跨境电商的交易额约占其中的 12%。以前跨境电商进出口交易主要集中于大型的 B2B 平台型企业，但现在越来越多的消费者开始选择 B2C 模式。这是一个无比巨大的市场蛋糕，早一步下手，便可占据有利地形。在快递同行们忙着为国内电商市场争得头破血流时，顺丰提前布局海淘市场。尝到甜头的顺丰，很快在跨境电商领域又进行了一系列的全新尝试。

2014 年 8 月，顺丰推出跨境电商业务“全球顺”，专门面向境外电商客户提供价格经济、对时效性要求不高的快递服务。全球顺客户准入门槛为每月不低于 500 单，要求客户统一做件、统一包装，在约定时间段将快件集中送至公司指定的营业网点或中转场。

全球顺的产品价格是原价的 60%~80%。王卫对外宣称，“全球顺主要是为了适应国际电商物流 B2C 市场的变化趋势，满足客户寄送经济型快递的需求”。通过全球顺业务，消费者从香港寄送物品到大陆的时间为 7~9 天，从纽约寄送物品到大陆的时间为 7~12 天，属于标准的经济型快递。另外，全球顺还为客户提供超范围转寄、偏远地区附加费豁免和预计派件时间等服务。

在中国，跨境小件快递一直没有形成标准化和规模化。和顺丰在国内崛起一样，只有通过标准化和规模化，才能将跨境物流的价格降下来，才能提高跨境快递的速度。对此，顺丰早已轻车熟路。

在跨境电商领域大踏步地开疆拓土，顺丰将同行远远地甩在了后边。截至 2014 年 11 月，顺丰已开通美国、日本、新加坡、泰国、澳大利亚、韩国、马来西亚、越南、俄罗斯等国家的国际快递业务，还宣布联合立陶宛邮政正式进军欧洲。全球战略布局让顺丰在跨境物流中实现全程自我把控，和其他资源整合跨境电商物流服务商相比，服务质量能够得到更大的保障。

除此之外，在淘宝、天猫上彰显商家服务品质的“顺丰包邮”，将在天猫国际与其他跨境电商平台发展成“顺丰国际包邮”。王卫通过自己的一次次创新尝试，让顺丰这样一个快递行业的庞然大物，依然保持着敏锐的视觉与敏捷的身躯。

跨境电商正在积蓄能量，假以时日，或许会形成一股台风。当台风刮起时，顺丰会不会是台风口的那头肥猪？

做全天下电商的生意

中国的电子商务发展到今天，呈现出两条明确的发展路径，即品牌电商化和电商品牌化。顺丰无疑走的是前一条路。作为传统企业的典型代表，顺丰犹如陆地的百兽之王，在快递丛林中横冲直撞。然而时代变了，移动互联设备的普及，让传统快递不得不插上网络的翅膀，与电商无缝链接。

按照王卫的说法，“世界上有一种鸟没有脚，生下来就不停地飞，飞累了就睡在风里。一辈子只能着陆一次，那就是死亡的时候”。不停地飞，这是王卫的唯一选择，也是顺丰的典型写照。

电子商务火爆的发展空间，为市场带来无穷想象力的同时，发酵出来的细分行业也在逐渐崭露头角，电商服务业就是一例。电商服务业主要针对传统品牌企业，为其提供网上产品分销、电子商务渠道管理、仓储配送、软件应用等服务。借力先天的品牌优势，王卫找到了顺丰与电商接轨的切入点，推出了在电商服务业内影响深远的“电商特惠”。

2013年11月，顺丰针对天猫、淘宝、聚划算等淘宝系电商平台，推出了名为“电商特惠”的新型业务，业务范围涵盖中高端电商市场和电商基础市场。

顺丰电商特惠在价格上更具优势，根据顺丰官网的相关资料显示，顺丰电商特惠仅同城单的首重价格，就比普通快递便宜了4元钱。省外以从广州发往湖南张家界一单5千克以内的快件为例，选用顺丰普通快件服务的价格为54元，选用顺丰电商速配服务的价格为52元，而选用顺丰电商特惠服务的价格为30元。顺丰电商特惠比普通快递服务便宜了44%。

同时，顺丰电商特惠还提供发件时系统对接、电子称重、逆向物流，派件时预约派送及售后客制化账单等便捷服务。如发件环节，顺丰针对一次发件量较大的电商用户设计的系统对接和电子称重服务，可将客户物流信息直接转化为运单信息，而且快件重量也能直接传到发件系统，并自动计算出运费。发件操作自动化，除了可以节省沟通和人力成本外，还能保证信息准确无误。

此外，电商特惠还为电商客户升级了顺丰速运通平台，免费为商家提供多平台、多店铺订单和运单处理，并能根据订单信息生成配货单及发货单，自动拆分合并订单，自动匹配发货公司等功能。

物流和售后，一直是国内电商的两大软肋，也是电商巨头们心中的痛。顺丰推出电商特惠，标志着电商服务业的发展更加符合现代电商的特性需求。仅2013年11月11日、12日两天，顺丰为国内电商的发货量就比2012年翻了将近5倍。仅天猫一家，顺丰的发货量就占到了将近两成。

要选择顺丰电商特惠产品服务，电商卖家每月快递订单需要达到1000单以上，自备包装，且每天在固定的时间和地点发件。中小电商卖家可以联合500米范围内的友商，以“商盟惠”的形式满足顺丰电商特惠对票件量的要求。这些友商可以同用一个商盟账号，但结算账号各自独立。这种极具电商特色的快递服务不仅受到中小型电商的欢迎，也正成为主流电商的选择。

在电商特惠专属服务推出不到半个月的时间内，与顺丰签约的电商客户量就出现了迅猛增长，其中不乏裂帛、韩都衣舍、雅鹿等淘宝大品牌明星商家。

根据商务部出炉的《商贸物流发展专项规划》相关数据，2015 年中国电子商务总交易额将达到惊人的 12 万亿元人民币，这无疑为顺丰的触网之旅打了一剂强心针，也坚定了王卫深耕电商的决心。

只占电商快递服务市场较小份额的顺丰，此次推出顺丰电商特惠，意味着顺丰将开始在电商快递服务市场全面发力。

掌上速递，决胜移动端

移动互联正以我们难以想象的速度向社会生活的纵深处蔓延。技术拆除了地理的藩篱，市场却没有耐心等待企业慢慢成长，他们必须加快自己的成长速度，连跑带爬地赶上技术日新月异的发展。

中国的商业世界既兴奋又杂乱，不断有新的技术手段问世，不断有新的营销方式出炉。一步慢，步步慢，这无疑对王卫和顺丰提出了极其严峻的挑战。移动端营销便是其中极为突出的代表。

2014年11月12日，淘宝官方公布，其双11支付宝交易额共计571亿元，其中来自手机淘宝的交易额高达243亿元，是2013年双11期间手机淘宝成交额(54亿元)的4.54倍，创下全球移动电商平台单日交易的历史新高。

越来越多的人习惯移动端交易，就连卖快餐的也开起了微店。在这样的大背景下，企业若不搭上移动互联网的快车，很快就会落于人后。

王卫领导下的顺丰从不保守，除了开发顺丰速运APP外，还充分开发外部平台的创新合作，实现移动端自助查单、下单、支付等操作。

顺丰速运APP是一款基于ios、Android操作系统开发的个人

顺丰速运 APP 首页

快件管理软件。为了让客户获得最佳的用户体验，顺丰精心开发了这个管理软件，并实现了线上移动端信息流与线下网点、车辆、人力资源的完美匹配。

在用户隐私保护这一快递行业棘手的问题上，顺丰速运 APP 新增的地址代码服务功能，有效解决了这一老牌难题。此项功能将用户附近的收派件网点以一串唯一的代码代替，只有通过 APP，用户才能得知具体的收件地址。

在顺丰速运 APP“我要寄件”板块中，用户可以查询“运费”“收送范围”和“禁寄品”三大信息。顺丰速运APP还会将消费者手机通讯录里的联系人和寄件人匹配起来，消费者也可以自己建立一个顺丰地址簿，添加常用的寄件人信息。在“我要查询”板块中，消费者则可以通过扫描订单条形码来了解订单信息。

此外，顺丰速运还别出心裁地在APP中设置了查询快递员真假、实时搜索附近门店、智能推荐代收点、一键转寄、地址代码加密等功能。顺丰的软件工程师甚至还结合了时下最流行的“摇一摇”方式，推出了具有显著顺丰特色的“摇一摇”——当用户需要发送快递时，只需要用力摇动手机，顺丰便可以通过后台程序实现用户定位，继而上门服务。

同时，顺丰速运APP还上线了推荐网点功能，通过GPS定位查找附近的顺丰速运网点或代收服务点。快件派送到服务点后，用户可以选择自提或让快递员送货上门。

将服务做到极致，是王卫一贯的做事理念。他将这一理念完美地融入到顺丰速运的APP，打造出这款功能繁多的APP产品。甚至可以说，只有消费者想不到的功能，没有顺丰APP无法提供的功能。也正是这种超越预期的服务，彻底改变了顺丰公司以收派件为主的服务模式，通过客户轻松操控交互式手机软件，实现上门服务信息前置，增强了与客户一对一的互动和零距离沟通。

截至2014年11月9日，在国内主流安卓分发平台(百度应用、91助手、安桌市场、豌豆荚、360手机助手、应用宝、安智市场)上，顺丰速运APP的下载总量近350万次，位居快递APP第二位。

除了移动端APP，王卫还顺应时代潮流，推出了顺丰速运微信服务号，微信用户可以通过登录顺丰的官方服务号，轻松体验智能化物流的便利。在顺丰速运微信服务号中，消费者不仅可以及时获得最新的顺丰活动信息，完成最基本的快件下单查询等功能，还可以对运费、时效、服务网点、收送范围进行查询，免去顾客打客服电话的麻烦与听到“线路忙，敬请等待”的烦躁。

为了实现掌上速递的宏伟蓝图，王卫在移动端不断发力。2014 年 8 月，顺丰宣布与支付宝合作，开通“顺丰速运支付宝服务窗”，用户可以在服务窗自助完成寄件、查件、查询运费和服务网点等互动。绑定手机后，更可以收到服务窗主动推送的全程物流消息。

通过顺丰速运 APP、微信服务号和支付宝服务窗，顺丰彻底解决了快递物流企业面临的线上信息流问题，实现了移动端信息流与线下物流的完美衔接，进而能够合理高效地安排线下各种资源来寄送快件。另外，在快件运输过程中的每一个节点，都能及时将相关信息上传到信息中心，使客户随时随地都能通过手机上的顺丰速运 APP、微信服务号和支付宝服务窗组件查询快件寄送情况。

移动互联正在让我们的生活更加便捷，如何顺应时代发展的潮流，如何拓展自身的业务，挖掘新的蓝海，是众多快递企业亟需解决的问题。对任何难题，我们都只能找到暂时的答案。所幸的是，顺丰提供的这个答案足以让我们擦亮眼睛，拥抱世界。

拓展商业版图，互联网金融布奇兵

中国商业发展至今，移动互联网以摧枯拉朽之势，席卷国计民生的每一个领域，没有人能置身事外。当市场以前所未有的开放态度迎接互联网公司搅局时，旧有版图的大佬们纷纷开始了自己的转型之路。转型或许会出现水土不服，但不转型可能只有死路一条，快递行业也是如此。

王卫从不是一个固守金饭碗的守财奴，在他的率领下，顺丰开始将触角伸向新兴的互联网领域。这时，人们已经无法简单地将顺丰定义为一家传统的快递公司、物流公司，它的疆域甚至切入电商和金融领域。

早在2010年，低调的顺丰就已推出了属于自己的支付工具“顺丰宝”。2011年12月，央行官方出面，给予顺丰宝第三方支付牌照——《支付业务许可证》，有效期至2016年12月21日，其支付业务由深圳市泰海网络科技服务有限公司承担，而泰海投资99%的股权归顺丰老板王卫所有。

2014年7月，顺丰的金融平台——顺银金融正式获得央行发放的银行卡收单牌照，这意味着顺丰在整体金融交易业务上又前进了一步。与此同时，顺丰还结合自身快递服务，针对银行和保险机构，加速在垂直金融服务领域布局。一手金融交易，一手金融服务，顺丰金融大幕正在徐徐拉开。

顺丰在互联网金融交易领域攻城拔寨，收获颇丰，然而王卫不改低调本色，对外宣称顺丰的金融交易业务纯粹是在做内部服务，不会对传统的金融业产生较大冲击。当然，这只是王卫的一家之言，标准的“此地无银三百两”。如果顺丰金融交易业务发展顺利，手握两大第三方支付牌照的顺丰，将会对电商巨头阿里巴巴和京东，甚至是整个电商行业产生巨大威胁。毕竟第三方支付市场竞争愈演愈烈，牌照的能量不可小觑。有了牌照，未来顺丰可以随时发力对外支付等金融业务。

互联网金融对每一个有志于此的企业而言，都是一个全新的市场，也是一盘事关企业未来发展的大棋局，赌的是未来十年二十年的商业回报，比的是博弈者的格局与耐心。

王卫不愧是一个资源整合的高手，为了这盘棋，他充分调配顺丰既有的人力、物力资源，除了以顺银金融为平台的金融交易部门，还专门成立了垂直金融服务部门——顺丰金融保险服务事业部，侧重在物流链上为银行和保险机构服务。

截至2013年底，中国的互联网保险企业超过60家，年均增长率为46%。王卫看重的是互联网保险的巨大市场潜力，这是一个规模超过291亿元，近3年总体增幅高达810%的新兴行业，具有无限的想象空间。如果找到正确的切入点，未来将成为顺丰的又一个利润爆发点。

王卫具有极强的前瞻性思维，他很早就将保险业务确定为顺丰金融保险事业部总体业务的重中之重。截至2014年11月，顺丰保险业务发展已达3年，业务模式日趋成熟。

顺丰从来不曾一个人战斗，它与中国平安、阳光保险、中美大都会、人保公司、太平洋保险等多家保险公司展开全面的业务合作，开展了车险和寿险领域的保单专送业务。在派送基础上，顺丰还提供拍照验证、保单管理等增值服务，不断提高客户的末端服务体验。

顺丰金融保险服务事业部总裁王立顺，对此项服务有独到的见解。“顺丰绝不仅仅负责保单派送，还负责签字收钱。如果客户有异议或拒签，我们还要及时将订单信息反馈给保险公司，保险公司会根据我们提供的信息对客户作出解释，以此来促进保单销售的完成。

金融业互联网化的发展趋势，也给快递企业带来了机会。我们能做的就是将金融业的服务外包做好，满足互联网金融行业的终端需求，将保单的物流配送服务放到保险产品里去做整合设计。”

顺丰还专门开发了IT系统，以便与保险公司保单系统全面对接，解决保单批量出单、单号管理中可能出现的各种问题，满足保险企业个性化的外包需求，提升客户满意度。

虽然现在顺丰保险业务的规模和市场拓展还尚显稚嫩，但由于王卫非常重视这项业务，因此顺丰的精兵强将、人力物力都不断汇聚于此。借此东风，顺丰还于2014年7月正式推出了银行业专属的物流服务产品——“汇票专送”，为一些银行白金卡用户提供直接配送服务。

要知道，汇票实物传递从来都是银行业的物流需求之一。按照王卫的说法，“银行动辄就是几万亿元的单子，总会产生一些凭证类的单据。”因此，这是物流企业面对的机会。正是金融行业不同领域的细分需求，给顺丰带来了崭新的市场机会。

面对标准的传统金融领域的巨大蛋糕，王卫毫无顾忌地将自己的刀叉伸到了传统银行的盘子中。除此之外，顺丰还在嘿客店中设置了 ATM 业务，以另类的方式让顺丰的金融服务落到实处。这种更接近供应链端的金融侵略，让传统金融行业难以招架。特别是在客户货款结算和金融快递基础上的服务层面，正是顺丰的优势所在。

当顺丰以一种蚕食鲸吞的方式，一步步将其传统商业客户的支付和金融服务俘获之后，王卫便有了充分的胃口和能力，将旗下的速递业务、代收货款业务等全部整合到自己的金融业务运营中，使顺丰的商业版图无限扩大。

从本质上来说，O2O 实际上是用互联网思维对传统行业进行改造，O2O 模式的关键在于在线支付和线下体验。顺丰，这家拥有国内最杰出物流配送仓储能力、拥有庞大线下门店、有强大扩张能量及意愿（包括线下和线上）的优秀传统企业，几乎具备了所有 O2O 成功企业的特质。

O2O 新秀顺丰，正以一种疾风骤雨之势，将金融领域的“前浪”狠狠地拍到了沙滩上。顺丰快递与顺丰优选、顺丰嘿客、顺丰金融等业务真正实现融合之日，顺丰的威力将再次大增，引起新一轮的业界海啸。

屡败屡战，高手比的是磨难

在金庸小说《神雕侠侣》中，主人公杨过可谓饱经磨难。杨过是杨康与穆念慈之子，名字是郭靖、黄蓉夫妇所取，含“闻过则改，善莫大焉”之意。

杨过还未出生就丧父，11 岁丧母，幼年时期在外流浪，14 岁由郭靖接到桃花岛上居住了一段时间，后被送往全真教，随后由古墓派小龙女收养，同习玉女心经。

为帮助郭家，杨过与金轮法王展开一场大战，后因与姑姑小龙女的恋情惊世骇俗，多番寻找出走的小龙女。在绝情谷，杨过身中情花毒，又被郭芙斩下右臂……

终于苦尽甘来，杨过最终与小龙女结为夫妇，可小龙女却因为中毒选择了跳崖。

重重磨难之下，杨过武艺精进，集古墓派武功、蛤蟆功、打狗棒法、弹指神通及九阴真经、黯然销魂掌这些绝世武功于一身。最终得以重见绝情谷底的小龙女，相助郭家保卫襄阳，并大败金轮法王和蒙古大汗，获封新五绝“西狂”。

爱好武侠的马云说，武林高手比的是经历了多少磨难，而不是取得过多少成功。冯仑讲，创业就是牺牲和折腾。牺牲谁？折腾谁？首当其冲的就是自己——伟大和杰出都是熬出来的。

晨兴资本合伙人、著名投资人刘芹曾经说过一句话，“创业是多数人故意不选择而留给少数人的机会”。为什么多数人故意不选择？因为创业太苦，磨难太多……

创业是和平时期最绚烂、最靓丽的一种生存方式。无论成败，你都必须承认，创业已经最大限度地拓展了你的生命深度和广度。在这一点上，没有任何一种活动能出其右。也正是这一点，决定了创业者在创业过程中经历煎熬与折磨。在这个过程中，你会体味到各种酸甜苦辣，各种悲欢荣辱。

顺丰的民营快递盟主地位，也是经历重重磨难获得的。从“老鼠会”到“快递之王”，王卫其实经历了种种磨难，可贵的是，在磨难中，顺丰速递一步一步地发展起来。从1993年顺丰创立到2005年，期间因为资金周转问题，王卫曾先后9次将物业或商展抵押给银行。

2009年端午节，顺丰曾经尝试让快递员派送包裹时推销粽子，这次成功的销售，让顺丰看到了光亮。之后，顺丰用相同的手法在中秋节卖月饼，在春节卖年货，就连大闸蟹也如此推销，都取得了不错的成绩。推销这些商品，顺丰基本无须承担风险，也不需要费太多的口舌，只是借助自身配送的优势，通过与客户建立长期的信任关系，就自然而然地做得漂漂亮亮。

后续的尝试，让顺丰更加坚信快递和电子商务结合可以打开巨大的市场空间。2010年8月，顺丰E商圈正式上线运营。顺丰E商圈除了将粽子模式移植到网上零售，还尝试与便利店合作打造O2O新模式，同时提供便利店自提服务，提供的产品则从最初的节假日礼品扩展到数码、母婴用品、茶叶、地方特产、商务礼品等数十类商品。

E商圈面世，是顺丰对电商的首次尝试，刚开始时，王卫对E商圈的发展表现得信心十足。在当年年底，他说：“2011年我们会侧重发展电子商务。首先是要加深对电子商务的理解……一个快递公司进入跨行业发展领域之后，就意味着上了一个新台阶。快递企业的发展有两个阶段，一个是跨行业发展，一个是跨国家发展。如果能做到这两点，意味着已经进入国际公司的门槛。如果这两方面做不好，走出去就有很大的风险。”

王卫的愿望是美好的，但E商圈并未取得预想的结果。2011年6月，王卫主动让其退出大陆区域业务，专注于香港九龙、新界市场，主营有机蔬菜和食品。

初次“触电”试水出师不利，给了顺丰一个教训。不过这也符合王卫“试错”的心理，这次教训也让王卫心里有了底。吸取了失败教训的王卫没有“适可而止”，而是再次在电子商务领域发力。

2011年12月，顺丰旗下的“顺丰宝”正式获得第三方支付牌照。王卫在北京投资1000万元成立了新的公司，为进军电商铺路。经过紧锣密鼓的准备，2012年3月，高端礼品平台“尊礼会”上线。尊礼会的主营产品是保健品、茶叶、工艺摆件、烟酒等高端礼品，支持包括顺丰宝在内的多种支付方式。显然，与顺丰速递的中高端市场定位一样，尊礼会的定位也是中高端的商务人士。

不过，顺丰的这一次尝试再次以失败告终。实际上，尊礼会更像是E商圈强化版，只不过目标消费群体定位为收藏发烧友、财大气粗的有钱人，然而这些高端消费人群并不习惯在网上购物。于是“尊礼会”也如E商圈一样无疾而终。

屡败屡战是王卫身上的特质。2012年5月，顺丰优选横空出世。顺丰优选的定位是“全球美食优选网购商城”，虽然此时顺丰优选是含着金钥匙出生，实际上，顺丰优选上线初期的运营也并不理想。顺丰初期标榜商城以“进口食品”为主，但其所占比例却不断下降；虽然商城打着“美食”的旗号，但不少产品都与美食无关；虽然顺丰宣传商城经营的都是“精品”，但在激烈的商场竞争中，价格也不得不走向“大众化”……

激烈的市场竞争也不容小觑。这一年，生鲜电商扎着堆出现：顺丰优选5月上线，6月亚马逊就开始卖生鲜。7月，“本来生活”横空出世，随后京东商城也宣布开通生鲜食品频道，就连淘宝也开始跟着凑热闹……至今，顺丰优选的业务仍然处于爬坡阶段。

2012年开始探路“快递+便利店”模式，但情况同样不容乐观。该业务推出没多久，北京的便利门店要么宣告停业，要么放弃便利店业务，单纯作为一个快件收发点。在顺丰的总部所在地深圳，顺丰最初决定试营20家便利店，两年过去了，这个数字几乎没有发生变化。刚推出便利店时，顺丰雄心勃勃地想在全国布局1000家便利店，但在第一批便利店面世后，顺丰却没能如愿进行扩张。

2014年5月，顺丰又在全国范围内推出518家嘿客便利店，便利店开在主要城市的社区或者商业中心附近，其营业模式主要是在可视化的空间内部展示有支付二维码绑定的具体商品，供客户选择，线上购物，线下消费。尽管这种O2O电商模式并不被业内人士看好，但顺丰继续扩大嘿客店在全国的布局，以完成对最后一公里的客户与市场的把握。总的来说，嘿客的发展也是个未知数。

顺丰的电商之路，一路走来，磕磕绊绊。但只要站起来的次数比倒下的次数多一次，顺丰就会成功。

世上可能有一帆风顺的爱情，但绝对没有一帆风顺的事业。能称得上“事业”的，绝不是一般的事情，而是一项复杂的、牵涉面较广的系统工程，随时都有不同的情况出现，因此谁也不能保证事业能百分之百地顺利开展。面对挫折，如果我们能够多想办法克服，从中吸取教训，那么就算目的没有达到，参与者也是有收获的。

不经一番寒彻骨，哪来梅花扑鼻香。磨难是一个人成长过程中不可或缺的，也是一个企业成长过程不可或缺的。王卫曾经说过这样一句话，“从创业的第一天起，你每天要面对的是困难和失败，而不是成功。”

全球华人巨富李嘉诚早年被迫辍学，只能在社会上谋生。其第一份工作是在舅父庄静庵的钟表公司当泡茶、扫地的小学徒。北京华远地产股份有限公司董事长任志强，刚开始时不过是在北京地安门附近租房做兼职批发零售的小商贩。当房东收回房子后，他不得不靠卖油条为生。马云当年高考数学成绩只考了1分，当他去宾馆应聘服务生时，因为长得“歪瓜裂枣”而被拒。后来通过关系，才找了一份给出版社送书的活儿……包括王卫在内，他们都和普通人相差无几，甚至比普通人过得更艰辛。但看看他们现在，都已成为叱咤风云的商界大佬。这些案例说明，成就他们事业的，除了才气和机遇，更多的是磨难和不屈不挠。

王卫是一个笃定的佛教信仰者，但社会上从来没有出现过神。也没有谁许诺过，有信仰就能一生平安。磨难是一个人成长过程中不可或缺的，也是一个企业成长不可避免的。

第九章

深藏功名
用行动证明一切

如果有人问：“王卫是什么人？”那么一定少不了以下几个答案：

一个神龙见首不见尾，极少接受媒体采访，让媒体趋之若鹜的顺丰掌门人。

一个不打算将公司上市，让众多 PE 与 VC 围追堵截的快递行业老大。

王卫是个沉默谦和的人，富贵对他来说如浮云。曾有人跟顺丰公司的员工一起吃饭，一直吃到最后，才知道那个坐在角落、不抽烟不喝酒也不多说话的人就是王卫。王卫常去各个点部视察，见到快递员，他自我介绍时总是说：“我是你的同事王卫。”

人不畏其低，方能乎众成王

无论是工作中还是生活中，王卫都是低调谦和的。

创业之初，王卫是一个不折不扣的“水货佬”，低调是正常的。三年之后，王卫垄断了华南市场，还是很低调。很多广东本地人都不知道王卫是何许人。华南地区以外的快递同行，对王卫也是知之甚少。

有一个例子可以说明顺丰与王卫的低调。1997 年香港回归，铁路快递看到了香港与广东之间快递业务发展的潜力，遂前往广东与当地官员商讨，希望借铁路开通香港和广东地区的快递业务。结果他们被告知：一家叫做顺丰的企业已经垄断了华南市场，谁开了这条线，都拿不到足够的货源。

甚至政府部门一度也对顺丰感到陌生。2002 年，顺丰在深圳福田设立企业总部，包租下位于福田的万基商务大厦几乎整栋大楼。这时候，顺丰在全国已经设有 180 多个网点，并且拥有深港货运 70% 的份额。据说当时深圳市领导去北京参加邮政部门的会议，才得知自己的城市竟然有一家行业龙头企业。此后，深圳市政府才开始关注顺丰，并对其发展给予了一些扶持与优惠政策。

顺丰优选总裁刘淼回忆他与王卫相识的情景时，觉得有些滑稽。那时，刘淼带王卫去见自己的部门领导，领导竟然误以为王卫是刘淼的司机。在刘淼眼里，今天的王卫与10年前的王卫几乎没有什么变化，牛仔裤、双肩包、白衬衫、运动鞋，简单、朴实的穿着，永远是王卫不变的风格。

地不畏其低，方能聚水成海；人不畏其低，方能孚众成王。从王卫身上，我们似乎可以看到三国时刘备的影子。刘备一生有“三低”，也正是这“三低”，成就了他的蜀汉王国。

第一低是桃园结义。与他在桃园结拜的人，一个是酒贩屠户张飞，另一个是在逃的杀人犯关羽。刘备本人则是皇亲国戚，后被皇上认为皇叔，但他依然与张飞、关羽结为异姓兄弟。他这一“低”，就将五虎上将张翼德、儒将武圣关云长——两条好汉团结在自己身边。刘备的事业，也由这次桃园结义拉开序幕。

第二低是三顾茅庐。刘备为一个初出茅庐的后生小子，前后三次登门拜见。不论身份地位，只论年龄，刘备差不多可以称为长辈，可这位长辈连吃两次闭门羹，并且毫无怨言，一点都不觉得丢脸。这一低，使他获得了一位事业高参，也得到了一张宏伟的建国蓝图。

第三低是礼遇张松。益州张松本来想把西川地图献给曹操，可是曹操破了马超之后，志得意满，骄人慢士，数日不见张松。见面之后，又要向他问罪，炫耀自己的武功，甚至有部属差点将张松处死。刘备却派赵云、关云长迎候于境外，自己亲迎于境内，宴饮三日；张松离开时，刘备和他泪别长亭，甚至要为他牵马相送。张松深受感动，终于把本打算送给曹操的西川地图献给了刘备。刘备这一低，就成就了他的蜀汉王国。

一个人，不管是否取得成功，都应该低调谦和，礼贤下士。心气决定人的状态，状态影响人的事业。

有的人看上去很平凡，毫不起眼，但这样的人也不能小看。有时候，越是这样的人，越是胸中隐藏有远大的志向，这种外表的低调，正是其心高气足、富有忍耐力和讲究策略的表现。这种人在历史上多如牛毛，他们往往能伸能屈，能上能下，具有普通人所缺少的远见卓识和深厚城府。

在谈到“上善若水，水善利万物而不争”时，老子曾经进一步阐述了自己的观点，“处众人之所恶，故几于道”。所谓“处众人之所恶”，指的是身处大家都不喜欢的位置。究竟什么位置大家都不喜欢？——低位。

做人要低调，要谦逊。老子认为，一个人若能做到这一点，差不多就参透了他的处世之道——“几于道”。

显然，王卫已经深得为人处事低调谦和的真义。

放低自己，垒高别人

如果善于观察，就不难发现，身边的许多成功者大都有这样一个特点，即善于放低自己，垒高别人。王卫就是这样一个典型。虽说他拒绝阿里教父马云的约见，拒绝QQ帮主马化腾的邀请，但在行事时，他却处处表现出放低自己、垒高别人的特点，且在管理方面表现得尤为突出。

管理快递企业是一件难事，但王卫却将二十几万人管理得井井有条。他是怎样做到的呢？王卫的秘诀就是——“员工要尊重，给他尊重；要收入，给他收入”。

曾经有一条关于顺丰的热门微博：“刚才顺丰的快递员在我们公司发飙了：‘我一个月工资15000元，会为了你这2000元的礼品丢饭碗么！’整个公司，一片寂静。”

这条微博的内容虽显得有些夸张和戏剧性，却也说明不少问题。正如王卫所说：“当员工月收入上万元，他会要你给他的2000元手机吗？如果真有人拿别人2000元的手机，我会不计代价地去查，500元也要查。人性都是趋利避害的，弄清这点，即便是40万人，也没有什么难管的。”

当问及如何管理中层时，王卫说：“我们的中层都是公开竞聘，包括副总裁与区域经理级别的职位，都抛出来竞聘。先通过业绩、管理层评价等指标筛选，然后让他告诉我为什么要竞争这个职位，他能做到什么程度。我要做的是将有能力、有意愿的人放到他愿意做的位置上去。”

“员工要尊重，给他尊重；要收入，给他收入。”“我要做的是将有能力、有意愿的人放到他愿意去的位置。”听这些话时，完全感觉不到企业最高管理者居高临下的架子，只有满足员工需求和愿景的决心。

很多人都说，顺丰的条条框框太多，员工几乎都变成了机器人。其实，王卫希望顺丰培养出的员工不仅是按照标准流程收件派件的机器人，他希望每个员工都能成为他的精神合作者。

顺丰不少快递员学历水平较低，为了丰富员工的头脑，王卫为员工创办了绘声绘色的内刊，传递企业文化；他一篇言辞朴素的文章，成功打动第一个加入顺丰的大学生；他为员工提供免费的法律援助和心理咨询服务，甚至还为单身员工组织联谊会，争取能够帮助他们解决终身大事。

王卫素来提倡“以人为本”的企业精神，他不仅将员工口袋里的钱和顺丰拴在了一起，还将员工的思想也和顺丰融在了一起。“成为精神上的合作者”，这是王卫在顺丰贯彻的一条核心价值观。请注意，是“合作”。也就是说，在这个层面上，王卫将自己与员工放在了平等的位置上。实际上，王卫把员工的利益看得比自己的利益还重。

无论是在工作中还是生活中，王卫从来都没有将自己当作管理二十几万快递员的老板，他总是将自己放得很低。“才高而不自诩，位高而不自傲”，用来比喻王卫，再恰当不过。

他经常说，做企业的目的不是赚钱，而是希望能让数万物流大军活得有尊严。对于顺丰来说，王卫更像是一位含辛茹苦的父亲，默默地将顺丰当作孩子一样抚养长大。当顺丰在镁光灯下叱咤风云的时候，王卫所做的，只是默默地在幕后拍手叫好，似乎这一切都是顺其自然，与他无关。正是因为他的谦和低调，顺丰在镁光灯下更加熠熠生辉。

放低自己，垒高别人，王卫垒出了一个“即使拿出30亿元，也无法在3年内砸出来”的顺丰。诚如古语所云，“圣者无名，大者无形”“地低成海，人低成王”，这个低调的快递老大，或许将再次改写物流业的奇迹。

沉默如雷，更见铁汉风骨

2000 年后，顺丰在快递行业内快速崛起，引起越来越多人的关注。到了 2004 年，顺丰的营业额已经达到了 13 亿元。此时的顺丰因为长期低调，业内人很难看清其真面目。一家同行的快递公司总裁不屑地评论顺丰说，“他们是老鼠会。”

“老鼠会”这个词，一听就是贬义，指的是“金字塔销售计划”，说白了就是拉人头式的传销。这个说法想必来自于顺丰初期的的加盟扩张体制。很显然，顺丰与所谓的“老鼠会”八竿子也打不着。

对这种中伤，顺丰保持了一贯的沉默。此时的顺丰，正在进行强制直营的收权之战。

从 2001 年开始，中国邮政与民营快递之间的矛盾开始激化。1986 年颁发的《邮政法》规定，“信件和其他具有信件性质的物品的寄递业务由邮政企业专营”，邮政部门根据这条规定，大肆查抄快递公司的“非法货件”。顺丰承运的是小件，其中很多是文件和单据，因此没有少挨罚，最多的一年被罚款达 500 万元。

很多挨罚的快递公司愤愤不平，言辞激烈，王卫依旧一言不发。他从来不出现在与邮政抗争的会议上，“你罚多少，我就交多少”。

缴纳高额罚金的时候，他沉默不言；当业内同行诽谤顺丰是“老鼠会”的时候，他依然沉默不言。王卫不仅自己沉默，甚至他还一再“教育”自己的员工也要沉默。

王卫的沉默曾经让很多人颇为不解，大家都认为沉默是他的内向性格使然，事实却并非如此。一位曾经和王卫同桌吃饭的人表示，王卫的性格很开朗，根本不是什么“不善言辞”。也有人猜测说，王卫的沉默是由于当时顺丰的发展环境造成的。当时的顺丰在夹缝中生长，为了积蓄实力，只能默默崛起，这样才能少受打压；甚至还有人说，王卫沉默的原因是他笃信命理风水，这不过是故弄玄虚罢了。

关于王卫沉默原因的猜测很多，但是无论王卫的沉默是出于何种原因，不可否认的是，沉默的王卫带出了一个踏踏实实做事的顺丰，一个高调做事却低调做人的顺丰。

曾经有记者潜入顺丰企业内部，他们的第一感觉就是房间里很安静。早上的例会过后，快递员们沉默又迅速地将自己片区里的包裹收好，该塞进背包的塞进背包，该装车的装车。当快递员沉默地将自己负责的快件装好之后，便一个个沉默地出发了。

没人顾得上聊天，因为每个快递员都在争分夺秒地做事。前面说过，顺丰是快递业第一个实行计件工资的公司，这也是顺丰的收派员相较其他同行流失率相对较低的重要原因。小小责任承包制，让每个快递员都在不停地努力奔跑。在顺丰，沉默似乎更合乎情理。

当顺丰在 2013 年迈出“颠覆性”的一步——宣布融资，正式成为“国家队”一员的时候，王卫仍然以“不知道说什么”为由，在媒体面前选择了沉默。

释迦牟尼曾端坐在莲花池上，面对诸位得道弟子，突然拈花微笑，众人不解其意。只有迦叶尊者领悟了佛祖的意思，他也会心一笑，于是就有了禅宗的起源。孔子观后稷之庙，见有 3 座金铸人像，就在金像背上铭刻了几句名言，“古之慎言人也，戒之哉！无多言，无多事。多言多败，多事多害。”

在佛教中，“沉默”具有其特殊的意义。当年文殊法师问维摩诘有关佛道之说时，维摩诘一言不发。维摩诘的沉默，在后来的禅师们看来“如雷声一样使人震耳欲聋”。这种“如雷的沉默”，犹如台风中心，看似无声，却是力量的源泉。抛开略显晦涩的禅宗教义，从老子的“大辩若讷”以及庄子的“不言而言”中，都可以感知古代先贤对于沉默的推崇。

言多必失，沉默是金。如同王卫一样，在非原则问题上懒得计较，在细小问题上懒得纠缠，对不便回答的问题佯装不懂，对有损自身的问题假作不知，以理智的“糊涂”化险为夷，以聪明的“糊涂”平息可能发生的种种矛盾。在王卫看来，应对外界的误解、攻击，就是踏踏实实地做事，埋头苦干，努力提升顺丰的服务质量。

虚己处世，淡泊名利

王卫就如同古代的侠客，神龙见首不见尾。从1993年创业到2011年，无数媒体试图采访这个快递业新秀，都遭到了拒绝。有些媒体委婉地邀请王卫“来编辑部坐坐，不是采访，就是内部交流”，王卫没有一口拒绝，但也从来不去。就连顺丰的企业内刊《沟通》，出版多年也从未出现过王卫的清晰照片，偶尔有几次刊登照片，也只是背影或者极其模糊的侧面照。

2010年春天，香港《壹周刊》为了拍到王卫，派记者伪装成应聘者，应聘成功后进入顺丰香港的点部，做了一整天的快递员，收派300多个包裹，最后终于拍到了王卫。后来文章配上王卫的照片发表，据说这件事让王卫很不爽。现在，互联网上还能够搜索到这篇文章，但王卫的照片已经找不到了。

2010年，顺丰走出国门，其国际业务范围已经覆盖新加坡除裕廊岛、乌敏岛外的全部地区。在当年的玉树地震中，顺丰刚成立的航空公司无偿为灾区运送42组25吨左右的发电机组，并为灾区捐款1000万元。不少做慈善的企业都会抓住这个机会进行宣传，以增加企业美誉度。王卫却淡然地做着这一切，社会上竟没有多少人知晓顺丰捐款的事。

2011年，王卫破天荒地接受了《人民日报》专访，但在整个采访过程中，他并没有表现出丝毫沾沾自喜，而是更多地窥视自己和顺丰的不足，谈得最多的，是中国民营快递企业与国际巨头的差距。

在入选“2012年中国经济年度人物”时，王卫同样没有给媒体提供任何影像资料和采访的机会。2013年，顺丰成功融资，正式成为“国家队”一员，但他仍然冷冰冰地将各路媒体拒之门外。

对于不接受媒体采访，王卫的解释是，“和物流行业无关的事，我从来不关心。”在王卫看来，他与媒体交流于业务无益，同时又不希望借此出名，因此实在没有必要接受媒体采访。

对于很少做广告和宣传，王卫认为，快递业的服务属性很强，品牌本身就有很大的忠诚度，客户不会因为几个广告就改变自己的选择。而产品和服务一旦形成口碑，即使企业总裁不做任何宣扬，也会有数不清的机会。

这就是王卫，一个隐身的民营快递龙头企业掌门人。其曝光率虽不及娱乐明星，但受追捧程度却有过之而无不及。虽然留给世界的只是一个模糊的背影，但他的影响力却撼动和改变了整个民营快递江湖。

王卫擅长虚己处世。虚己，往小处说能保全自身，往大处说足以容纳世界。虚，戒极、戒盈，极而能虚就不会倾斜，盈而能虚就不会外溢。虚己待人就能接受他人，虚己接物就能容纳万物，虚己处世就能转圜于世。

践行企业社会责任

商人求利，天经地义。因为唯有利润，企业才能对内担负起善待员工的责任，对外担负起应付的账单。

在创业初期，顺丰的一切战略战术皆围绕着“利润”展开：价格战、收权战……每一场激烈的战斗，其核心无不指向“利润”二字。

当顺丰初具规模之后，王卫为企业赋予了更多的社会责任。一方面是让一直处于社会底层、不受人尊重的二十几万员工过上有尊严的生活；另一方面是为了方便人们的生活，践行企业的社会责任，完成企业承担的使命。

无论国内还是国外，企业的社会责任越来越不可忽视。2006 年诺贝尔和平奖的得主、孟加拉国乡村银行创始人尤努斯曾经公开表示，“各企业不能单纯地把做生意当作赚钱的工具，这样的做法对人类而言无异于侮辱”。

2007 年，瑞典一家非政府组织向当地 3 家企业和机构颁发了“企业社会责任环球奖”，这一奖项与瑞典的诺贝尔奖等大型奖项相比并不算什么，但该奖项评委之一拉尔森却说：“这个奖项即使永远不为人知都没有关系，可是人们必须要足够重视企业的社会责任问题。”在当年的博鳌亚洲论坛年会上，企业的社会责任话题比往年引起了更多与会人士的热议。

顺丰的企业愿景之一，就是“一直致力于承担更多的社会责任”。低调、务实的王卫，自然不会把“回报社会”“关爱民众”“产业报国”之类的口号挂在嘴上，他只会闷头去做——

2003 年，“非典”肆虐中国，初具规模的顺丰捐款 200 万元用于防治工作。

2004~2005 年，顺丰为希望工程捐赠 100 万元，另投入慈善事业资金 250 余万元。

2006~2007 年，顺丰投入慈善事业资金共计 250 余万元。

2008 年，中国四川遭遇地震灾害，顺丰在王卫的带领下发起了“5・12 大地震，顺丰在行动”的活动，不仅捐出 937 万元救灾资金，还捐赠了可供 4000 人使用的帐篷，并组织 78 名顺丰员工作为志愿者奔赴灾区进行救助和灾后重建工作。

2010 年，青海玉树再次遭到地震灾害的打击，刚建立不久的顺丰航空为灾区重建工作无偿运送发电机组，并捐款 1000 万元。

2011~2012 年，顺丰参与资助多省贫困地区的小学援建工作，

顺丰救援物资专用车

慈善捐助款数额达到上千万元。

2013年，顺丰积极响应雅安赈灾慈善捐款，为各地赈灾者提供免费物流运送物资，免去的运费数额累计高达2700万元。同年，用于教育、扶贫和希望工程上的捐赠款项更是多达1200多万元。

……

人活在世上，不可避免地要担负各种责任：对家庭的责任，对朋友的责任，对公司的责任，对国家和社会的责任……

责任似乎是一种负担，是一种压力，但换一个角度，责任也是一种动力与激励。古人云，“修身，齐家，治国，平天下”，其实就是一种责任。责任是一个神圣的承诺，无数在战场上冒着枪林弹雨前进的战士，都说明了这一点。他们只是因为信守了“军人以服从为天职”的承诺，才变得如此勇敢与机智。没有责任心的军人不是合格的军人，没有责任心的人不是优秀的人。

责任催生卓越，拒绝承担责任，实质上就是将卓越往外推。1903年诺贝尔文学奖得主马丁纽斯·比昂逊在从事文学创作的同时，也是一位社会学家。他说：“一个人越敢于承担责任，他就越会意气风发；如果一个人有足够的胆识与能力，他就没有什么该讲而不敢讲的话，没有什么该做而不敢做的事，更没有什么心虚畏怯之处。”

王卫曾经在顺丰内刊上写道：“真正的、长久的快乐，是既能让自己感到快乐，同时也能让别人感到快乐，而这种快乐只能在和大家一起分享时才能感受到。有钱了，只为自己挥霍，也许能获得一时的快感，但那终究只是短暂的，不能长久地存留下来。拿这笔钱的一部分去援助需要帮助的、处于困境的人，让别人因为你的援手而改变生活状况，你会比挥霍那笔钱感到更加开心，而且这种正面的能量是可以传递给别人的。”

施予，比接受更为幸福！

附 录　顺丰发展年鉴

1993 年

顺丰速运公司在广东顺德成立。

顺丰在香港地区设立营业网点。

1994 年

顺丰涉足国内快递。

1997 年

顺丰局部垄断深港货运。

2002 年

王卫全面收权，顺丰组织结构大变革。

顺丰在广东深圳设立总部。

2003 年

顺丰 1 千克以内次日达业务从 15 元涨到 20 元。

顺丰与扬子江快运签订合同，成为国内第一家使用全货运专机的民营速递企业。

2004 年

顺丰集团营业额达到 13 亿元。

2006 年

华北总部迁到北京空港物流园。

2007 年

在台湾省设立营业网点，覆盖台北、桃园、新竹、台中、彰化、嘉义、台南、高雄等主要城市。

2008 年

在澳门设立营业网点。

2009 年

顺丰购买飞机，成为国内第一家拥有飞机的民营快递企业。

2010 年

顺丰开通对新加坡的国际物流，覆盖新加坡除裕廊岛、乌敏岛外的全部地区。

顺丰 E 商圈开始运营。

2011 年

顺丰开通对日本、韩国、马来西亚的国际物流，覆盖三国全境。

顺丰电子商务有限公司注册成立。

顺丰与 7-11 结盟，同时推出自营便利店。

顺丰宝获得经营第三方支付牌照。

2012 年

顺丰在美国设立营业网点，覆盖美国全境。

顺丰推出尊理会，涉足电商。

顺丰优选正式上线。

顺丰优选原 CEO 刘淼退位，集团副总裁李东起上任。

2013 年

顺丰开通对泰国、越南的国际物流，派送范围覆盖两国全境。

顺丰优选配送增至 74 个城市。

首次融资，三大入股机构约占 25% 的股份。

顺丰上线 P2P 电商平台“顺丰分享”。

2014 年

顺丰开通对澳大利亚的国际物流，派送范围覆盖澳大利亚全境。

顺丰优选入驻京东，开展多平台战略。

顺丰嘿客便利店全面启动。

顺丰推出新品牌“顺丰冷运”，剑指生鲜食品配送市场。

顺丰设立专项扶持基金，鼓励内部员工到华中、西南、华北的三四线以下乡镇地区开设代理站点，全面启动农村战略。

顺银金融正式获得央行发放的银行卡收单牌照。

顺丰接连收购北京小红帽物流、深圳银捷速递、四川星程宅配三家落地配企业。

截至2014年9月底，顺丰已拥有员工约29万名，1.2万多台运输车辆，16 架自有全货机及遍布中国大陆、海外的 9100 多个营业网点。